MARADONA
365 HISTORIAS

SERGIO DOMÍNGUEZ

MARADONA 365 HISTORIAS / Sergio Darío Domínguez. - 1a ed. -
LIBROFUTBOL.com, 2019.
228 páginas; 15,2 x 22,9 cm.

ISBN 978-987-3979-67-5

1. Fútbol. I. Título.
CDD 796.334

MARADONA. 365 HISTORIAS
de Sergio Darío Domínguez

Diseño de cubierta: Luciano Medvetkin
Maquetación: Luciano Medvetkin
Contratapa: Alejando Magaldi - alejandro@librofutbol.com
Foto de portada: © Masahide Tomikoshi / TOMIKOSHI PHOTOGRAPHY.
Tomada en el Mundial de México 1986, en la final del 29 de junio entre Argentina y Alemania, en el estadio Azteca.

LIBROFUTBOL.com
Olga Cossettini 1112 - oficina 8F - Ciudad de Buenos Aires - Argentina
ediciones@librofutbol.com - whatsapp +54 11 45068805

1ª edición: abril 2019

ISBN 978-987-3979-67-5

ÍNDICE

A todos quienes tuvieron días felices gracias a Diego Armando Maradona

A mi princesa Azul y a mi angelito eterno Romancito

PRÓLOGO

Por Rashid Alí García

Es intrínseco a la psiquis de todo amante del fútbol aquello de relacionar directamente un suceso deportivo con el momento en que sus vidas discurrían por esa fecha. Está el que sabe que los goles de Palermo al Real Madrid fueron justo un mes antes de su casamiento; el que tiene claro que cuando Alzamendi doblegó a Stingaciu, justo empezaba en aquel nuevo trabajo, y hasta el que te cuenta de memoria que estaba en segundo grado cuando el Bicho de La Paternal le enseñaba cómo es que los argentinos juegan a la pelota a la mismísima Vecchia Signora en Tokio.

Cada hincha de fútbol recorta y pega hasta armar un collage entre sus vivencias y las fechas que sacudieron sus emociones más vívidas. Cada hincha de fútbol que entienda lo que la pelota necesita también relaciona muchos momentos en la vida de Diego Armando Maradona con sus propios devenires.

Porque un hincha genuino de fútbol capta rápidamente que Maradona es un personaje tal que logra sellar a fuego sus propios actos con etapas individuales o globales.

Esa parte de la población que ya habitaba este planeta durante el 22 de junio de 1986 sabe qué estaba haciendo, dónde lo estaba haciendo y hasta qué sintió en el preciso instante en que el 10 de la selección argentina plasmaba su obra cumbre. Muchos supieron de inmediato que estaban en presencia de un hecho sublime, otros solo admiraron,

otros sintieron menos y, seguramente, algunos no habrán sentido nada; pero algo los iguala: todos recuerdan ese instante mágico.

En lo personal, como admirador eterno de la obra maradoniana, podría hacer un largo y aburrido recuento de memoria al respecto. Podría contar en qué andaba el día en que Maradona debutó en primera división; cuándo vistió por primera vez los colores de la selección argentina, durante aquellas madrugadas de insomnio para no perderme los partidos del Mundial Juvenil de Japón; qué pasaba en mis días mientras Diego se pintaba de azul y oro; qué hacía mientras una doble desazón me invadía –porque, además, me estaban invadiendo– durante el Mundial de España; qué debí interrumpir para sufrir junto a Diego el dolor de una doble fractura de tobillo cuando recién empezábamos a conocernos; aquella adolescencia conflictiva –como toda adolescencia– que encontró sonrisas de alivio gracias a las cosquillas que llegaban desde México, los días más felices napolitanos que parecen no tener reedición posible, amores no correspondidos que parecían no importar a favor de las emociones provocadas por las noches mágicas de Italia 90, hasta la repentina llegada de esa adultez que cercenaba sueños casi al mismo tiempo que a Diego le cortaban las piernas durante Estados Unidos 94.

Y podría seguir hasta conseguir el hartazgo de los lectores, pero elijo dejar librado a sus propios recuerdos el resto de la lista; los contemporáneos de Maradona también saben que se puede jugar con esos recuerdos hasta encontrar nitidez en fotografías que se creían difusas o extintas. Están ahí, esos paralelismos son inevitables y llegan sin esperar invitación.

Hasta los que no fueron generacionalmente parte de esos momentos conservan cierta añoranza de lo no vivido y curiosidad por encontrar respuestas a aquello que les contaron sus mayores, a esa fantasía casi incomprobable que ven en videos de baja calidad en YouTube. Muchos buscan pruebas para relacionar eventos reales que comprueben que ese loco 10 bajito es, créase o no, de carne y hueso.

Pero dejando de lado ese 22 de junio, hay un detalle que seguramente nos iguala a todos: el tiempo es traicionero y la memoria empieza flaquear cuando se piden exactitudes, cuando se precisa ser certero en cuanto a fechas se refiere y empiezan las preguntas. El día exacto es un tirano que suele esconderse entre oscuras bambalinas cuando más se lo necesita.

Esta obra tiene muchos objetivos, pero voy tomarme el atrevimiento de recomendarla con especial ahínco a quienes tenemos esa impaciente curiosidad por determinar con precisión aquellos inevitables paralelismos.

Rashid Alí García
@AliRashidGarcia

Periodista argentino, conocedor profundo de la historia de Diego Armando Maradona

PRÓLOGO

Si no amás a Maradona no leas este libro. Este es un manual imprescindible. Para comprender el fútbol. Y a Diego. Tanto feligrés de este bendito juego desparramado por el planeta merecía una obra de esta característica. Diseñada desde la admiración, el respeto y el compromiso.

Porque no se puede entender el fútbol sin amar a Maradona. Su hacedor.

El autor de este libro, cual buscador de tesoros, halló las riquezas precisas para trazar la fisonomía de este prócer de la felicidad futbolera en todo su esplendor.

Proezas, epopeyas, hitos no son más que recuerdos que el lector revivirá a través de una prosa fina, clara y contundente. Quizá, como añoranza de un tiempo que no volverá. Pero recuperado por la memoria y sagacidad de un escritor implacable a la hora de capitalizar información.

¿Quedaba algo por decir de Maradona que no se haya dicho? Sí, faltaba este raconto enlazado para resumir la vida y la obra de un ser que rompió el molde y se construyó a sí mismo como un mito viviente. Trasgresor y transformador. Que trascenderá, seguro, todos los tiempos. Los que fueron y los que vendrán.

Fechas y hechos alimentan este recorrido solo apto para románticos. Enamorados del Diego, de la pelota y de todas las piruetas y genialidades que una trayectoria inigualable le regaló al fútbol.

Por Alejandro Magaldi

Editor de LIBROFUTBOL.com

INTRODUCCIÓN

Editar un libro es sumamente difícil, pero nunca como ser cinco veces goleador de un campeonato con la humilde camiseta de Argentinos Juniors. Transitar una ruta diferente al resto de las publicaciones sobre él también, pero nunca como marcar la historia de un gigante como Boca con un solo título. Bucear sus hazañas y ser preciso en los datos, ni hablar, aunque jamás como aterrizar en Barcelona con 21 años y soportar una fractura, una hepatitis y miles de patadas. Proponerse que su vida personal no atravesara su vida deportiva fue complicado; sin embargo, no se puede comparar a ser el comandante de los años dorados de un club humilde como Napoli. Ser fanático de su fútbol, haber crecido a la par de su inigualable trayectoria y poder dejar mi testimonio personal para las generaciones que tienen y tendrán que darle clic a sus videos en internet para conocerlo resulta tan fantástico como su historia de gloria y amor incondicional con la selección argentina.

Este repaso de efemérides pertenecientes al más grande futbolista de todos los tiempos es mi grano de arena para agradecer tantas alegrías genuinas, admiración y asombro por todo lo vivido. El puro de La Paternal, el explosivo de La Boca, el rebelde de Barcelona, el dios de Napoli, el efímero de Sevilla y Newell's, el de la despedida con la azul y oro, el eterno de la selección argentina…

Los invito a recorrer día por día lo mejor del mejor de todos. Gracias, Pelusa, por marcar nuestras vidas para siempre.

ENERO

1 DE ENERO DE 1981: FELIZ AÑO NUEVO

Triunfo 2-1 con la Argentina ante Alemania Occidental por el Mundialito de Montevideo.

Fechas extrañas para jugar un partido, pero así se programó el torneo que reunió a los campeones del mundo hasta ese momento (Holanda ocupó el lugar de Inglaterra). La Argentina y Alemania se enfrentaron en el Centenario y los europeos golpearon primero cuando el gigante Hrubesch aprovechó la distracción defensiva en un córner. Una media vuelta de Diego fue la primera llegada con peligro de la selección que se sostenía en una gran tarde del Pato Fillol. Faltando cinco minutos, colaboró en el hueco para que Passarella cabeceara y la pelota se le escurriera a Kaltz y a Schumacher. Partido igualado que, tras una buena corrida y pase de Valencia mientras Maradona atraía marcas, el Pelado Díaz definió maravillosamente para el 2-1 final.

2 DE ENERO DE 1995: EL ORO DE PARÍS

La revista France Football le otorgó el Balón de Oro honorífico a su trayectoria en el fútbol europeo.

Desde el verano cubano en el que había pasado el año nuevo visitando a Fidel Castro, Maradona arribó al frío de París para la premiación que la revista France Football organizó para hacerle justicia a su condición de mejor futbolista de la historia, dado que hasta aquel año

los premiados con ese trofeo debían ser jugadores nacidos en Europa. En la premiación, en la que también fueron galardonados Alfredo Di Stefano y Pelé, France Football le obsequió una tapa de la revista gigante donde se veía a Diego con la camiseta de Argentinos Juniors y aclaró que el Balón de Oro le habría correspondido en sus brillantes años 1986 y 1990.

3 DE ENERO DE 1993: LA ISLA DE LOS RENCORES

El partido entre Tenerife y Sevilla revivió la guerra de estilos Menotti-Bilardo. Su equipo perdió 3-0 y fue expulsado.

Del lado local, Redondo, Pizzi, Dertycia y Ezequiel Castillo estuvieron en el césped del Heliodoro Rodríguez. Del lado visitante, Maradona y Simeone. En los bancos de suplentes, Valdano y su ayudante Cappa, para los tinerfeños, y Bilardo junto a Lemme, en el conjunto andaluz.La temperatura respecto al partido subió debido al cruce de declaraciones entre los cuerpos técnicos: "Bilardo es aquel que nos dijo en nuestra más tierna infancia que los Reyes son los padres", disparó Cappa. "No sé quién es Cappa", respondió el Doctor. "Cuando Redondo renunció a la selección, fue una puñalada para mí, para el entrenador y para todos", declaró Diego. El centrocampista reiteró que renunció "por razones de estudios. Estoy dispuesto a hablar de ello con alguien tan grande como Maradona. Sería un gran placer". El partido, que se jugó a cancha llena y con enorme expectativa en la Argentina, fue muy intenso y jugado al límite: totalizó doce tarjetas amarillas y tres rojas. Una fue para Diego cuando, a los 16 minutos del segundo tiempo, fue derribado por Redondo, que ya estaba amonestado. Tras una refriega entre varios jugadores, el árbitro, González Lecue, expulsó también a Pizzi. El 10 estalló: "El ciiiinco, fue el ciiiinco [Redondo]", bramó a la cara del colegiado, al que zarandeaba. El escándalo se propagó a toda la cancha. Tenerife fue superior a lo largo de los 90 minutos y lo reflejó en el 3-0 final con dos goles de penal de Juan Antonio Pizzi y otro de Oscar Dertycia. En los vestuarios, reiteró que "el referí estuvo mal predispuesto conmigo toda la tarde, lo juro por mis hijas".

4 DE ENERO DE 1981: ÚNICO CARNAVAL

En la Copa de Oro de Uruguay, le convirtió el único gol a Brasil en seis enfrentamientos con la Selección Argentina.

Segundo clásico sudamericano para Maradona, que debía buscar el triunfo de la Argentina para asegurarse el pase a la final del Mundialito esa misma tarde. Sobre la media hora de juego, Juan Alberto Barbas abrió hacia la derecha, donde el 10 quedó mano a mano con Oscar, a quien dejó desparramado, encaró hacia el área y, cuando se perfiló de zurda, le dio fuerte sobre el cuerpo del goleiro Carlos. Ese tanto señalado en el arco de la tribuna Colombres del Centenario fue el único que pudo convertir ante el clásico rival, al que enfrentó cuatro veces más: ganó una (Italia 90) empató una (amistoso en Buenos Aires en 1993) y perdió dos (España 82 y Copa América 89). Cuando inició el segundo tiempo, el lateral derecho Elevaldo empató el partido con un golazo entrando al área. Maradona tuvo dos destellos cuando metió dos pases al pie que no fueron aprovechados ni por Valencia (tiro al palo con el arco libre) ni por Ramón Díaz (escapó al arquero y definió muy arriba). Tres días después, Brasil apabulló 4-1 a Alemania Occidental y, por diferencia de goles, consiguió su lugar en la final que perdería frente a los locales.

5 DE ENERO DE 1985: FIGLIO MIO

En la vibrante victoria 4-3 del Napoli sobre Udinese en el San Paolo, convirtió sus dos primeros goles ante el equipo italiano que más lo sufrió.

Domingo extremadamente lluvioso en Nápoles. El San Paolo mostraba charcos muy visibles en muchos sectores. Sin embargo, los tifosi llenaron las tribunas para presenciar el duelo entre Maradona y Zico. Diego dijo presente diez minutos después del gol de Edinho para empatar mediante un penal suave y esquinado. Golazos de Ricardo Daniel Bertoni y Milano, respectivamente, cerraron el primer tiempo con un empate 2-2. Cuando el fango ya había quitado todas las piernas, una falta sobre Bertoni dentro del área, que protestó todo el cuadro visitante, permitió que Diego pusiera a los celestes 3-2 arriba con otra caricia, esta vez cambiando el palo. Final del juego con triunfo del Napoli 4-3 con mucho suspenso y festejos. Aquella

inclemente tarde napolitana marcó el comienzo de la paternidad de Maradona en las redes sobre Udinese: totalizó ocho goles en siete partidos entre 1985 y 1990.

6 DE ENERO DE 1982: SALVADOR

En un amistoso disputado en el Memorial Coliseum de Los Ángeles, Boca derrotó a la selección de El Salvador 2-0 con dos goles suyos.

La gira por Norteamérica, Asia y Centroamérica fue el primer punto de la agenda maradoniana en su agitado 1982. Una sucesión maratónica de diez partidos, aviones, traslados y desgaste físico al límite. Boca estaba obligado a recaudar el máximo dinero posible por los problemas económicos que tenía en esa época, ya con el Polaco Cap como entrenador. La primera parada fue Los Ángeles, donde enfrentó a una selección que el sorteo del Mundial de España, realizado días atrás, había decidido como rival en el grupo de la Argentina. A los 32 minutos, recibió en el punto del penal un centro atrás de Hugo Perotti y tocó suave a un palo. Sobre el final, puso cifras definitivas al partido con un penal.

6 DE ENERO DE 1993: BALTASAR

Se disfrazó del Rey Mago moreno para entregar juguetes en un hospital de niños de Sevilla.

Habrá recordado cada 6 de enero en Fiorito, donde los Reyes eran más leyenda que realidad. Entonces, como ya había hecho en Nápoles alguna vez, se subió al carruaje disfrazado del negro Baltasar, acompañado del Cholo Simeone y del defensor del equipo andaluz, Diego Rodríguez, caracterizados como Melchor y Gaspar, y juntos recorrieron las calles de la ciudad hasta llegar al hospital San Juan de Dios. Allí, junto al presidente del Sevilla, Luis Cuervas, entregó regalos a los niños enfermos que sintieron el aliento y el ánimo que transmitieron durante la visita.

7 DE ENERO DE 1995: EL ACADÉMICO

Comenzó la pretemporada como entrenador de Racing Club de Avellaneda en dupla técnica con Carlos Fren.

La tranquilidad, aún en temporada, que Santa Teresita tenía en aquel verano de 1995 explotó por el aire. La brisa marítima de un sábado nublado movía los árboles del coqueto Golf Club. El día anterior había sido la conferencia de presentación en el Cilindro de Avellaneda y esa mañana empezaba el trabajo. Diego Maradona y Carlos Fren se pararon frente al plantel para dar las primeras indicaciones. La segunda experiencia como entrenadores estaba en marcha esta vez en un banco caliente, deseoso de títulos que se postergaban todos los años. Juan De Stéfano, presidente de Racing, declaraba orgulloso que era el primer paso para tener jugando a Maradona con la blanquiceleste una vez que finalizara la sanción de la FIFA por lo sucedido en el Mundial de Estados Unidos. El trabajo siguió una semana más, en la que tanto Diego como el plantel abrieron las prácticas para que los turistas vieran de cerca los entrenamientos, en los que el Turco García era el más festejado por sus ocurrencias.

8 DE ENERO DE 1984: TOBILLO OKEY

Regreso a la actividad luego de la rotura de ligamentos del tobillo sufrida ante Athletic de Bilbao, con doblete sobre Sevilla. Ganó Barcelona 3-1.

La recuperación duró 106 días, y se exigió al máximo para volver cuanto antes. Aquel domingo plomizo, Barcelona se ubicaba en la tercera posición y necesitaba los puntos para no perderle pisada al Real Madrid (que había sido goleado por Betis el día anterior) y al puntero, Athletic de Bilbao. Maradona se mostró entonado, valiente, creativo y eficaz, según la crónica del diario El País. A los 17 minutos arrancó por izquierda, hizo una pared con Alesanco y definió fuerte sobre un estático Francisco Buyo. Promediando la segunda etapa, justo cuando César Luis Menotti preparaba el cambio para él, tras una combinación con Víctor disparó de zurda, rebotó en un defensa y se le metió por encima al arquero andaluz. Inmediatamente, lo sustituyeron por Esteban, y todos los presentes en el Camp Nou se levantaron para ovacionarlo.

9 DE ENERO DE 1967: PURA QUÍMICA

Nacimiento de Claudio Paul Caniggia, compañeros de hazañas en la selección argentina.

Diego y Cani se conocieron en los amistosos previos a la Copa América jugada en nuestro país en 1987 (ver efeméride del 10 de junio) y siempre mantuvieron una química especial como socios dentro del verde césped. "Bilardo no llevaba a Caniggia al mundial de Italia. Entonces le dije: 'Tachá dos'. Si Cani no iba, yo tampoco jugaba", admitió Diego en El Gráfico en 2007. "Maradona es el jugador más increíble que he visto, un jugador extraordinario que dio el fútbol, lo que hacía Maradona no lo hacía nadie", declaró Caniggia en diferentes notas antes del Mundial de Rusia. Compartieron 32 partidos en la selección argentina y 22 partidos oficiales en Boca.

10 DE ENERO DE 1988: ROMPERREDES DE INVIERNO

Un gol en Napoli 4-Fiorentina 0, correspondiente a la decimocuarta fecha de la temporada 87/88, fue el inicio para una racha de seis goles en seis partidos consecutivos de Serie A.

La seguidilla de goles duró exactamente 33 días. Arrancó en la soleada tarde del 10 de enero, cuando marcó el tercero de la goleada ante el equipo viola. Después de una infracción que le cometieron, clavó en el ángulo un tiro libre alto desde el borde lateral del área grande, luego de mostrar en el rato anterior de partido lujos varios sacados de la galera, como la asistencia a Bruno Giordano en el primer tanto de la tarde. Sus gritos se extendieron ante Sampdoria (ver efeméride del 17 de enero), Cesena, Pisa, Ascoli y Avellino. Todos esos goles sirvieron para que el Napoli encadenara seis victorias que le permitieron afirmarse en la punta del Calcio.

10 DE ENERO DE 1993: EL ENCANTADOR DE PEP

Por la Jornada 17 de la Liga, Sevilla y Barcelona empataron a cero, y se cruzó por primera vez en una cancha con Joseph Guardiola.

Finalmente, el megaescándalo de Tenerife terminó sin sanciones para Maradona, quien pudo jugar el trascendental partido ante Barcelona en el Sánchez-Pizjuán. Tuvo una aparición recién comenzada la segunda etapa, cuando habilitó a Monchu, que definió apurado a las manos de Andoni Zubizarreta. El 0-0 final reflejó las pocas emociones de la tarde andaluza. El que vivió una jornada especial fue Joseph Guardiola, quien se dio el gran gusto de cruzarse a Diego, alguien a quien había admirado cuando era niño y lo veía con su camiseta en el Camp Nou: "A media hora del inicio, Diego se ponía en el medio campo, cogía el balón y lo pateaba altísimo. Cuando caía, de primera y sin que tocara la hierba, lo devolvía al cielo. Así, seis o siete veces sin salirse del círculo central. Yo ni siquiera lo intenté. Conozco mis limitaciones", declaró tiempo después el actual referente de la dirección técnica mundial.

11 DE ENERO DE 1987: LA MEDIA VUELTA

Napoli terminó la primera rueda puntero y obtuvo el título simbólico de campeón de invierno.

"No puedo hablar ahora de Scudetto. Ojalá se convierta en realidad cuando llegue el momento. Hoy el equipo está fuerte y cuando falten cinco o seis fechas empezaremos a soñar". Un Diego muy sereno respondió así a la pregunta de un veterano notero de la Domenica Sportiva tras el 3-0 obtenido ante Ascoli en una tarde napolitana en la que el viento y la lluvia fueron tan protagonistas como las fantasías del 10 y ese doblete del danés Elkjaer Larsen para que Hellas Verona diera vuelta su partido ante el Inter, que le permitía quedarse con la punta en soledad y "festejar" el campeonato de invierno. Muro, Romano (tras pase de Maradona) y Bagni sellaron la victoria.

12 DE ENERO DE 2006: LAS MIL CARAS DEL 10

Estreno de la película Amando a Maradona, del director Javier Vázquez, donde el propio Diego relata momentos de su vida desde Cuba.

El documental, cuya duración es de 75 minutos, recogió opiniones de admiradores en lugares tan disímiles como Nápoles, Barcelona, Cuba, Buenos Aires, Río de Janeiro, Suiza y la Patagonia argentina, que destilan su amor por Maradona con historias personales, anécdotas

y hasta un collage de imágenes de sus tatuajes o la celebración de la Navidad maradoniana por parte de su Iglesia. El afiche de promoción del film es un equipo de fútbol formado para la foto, donde todos los integrantes tienen la cara de Diego.

13 DE ENERO DE 1979: EL GRAN DEBUT

Comienza su participación en el Campeonato Juventudes de América, clasificatorio para el Mundial de Japón, goleando a Perú 4-0.

Aquel equipo traía el viento de cola de la consagración en el mundial de mayores y tenía a Diego como figura excluyente. El comienzo no pudo ser mejor. Con gol de Hugo Alves a los cuatro minutos, ya ganaba 1-0. Maradona, a los siete, amplió la diferencia que completaron Ramón Díaz y otra vez el entonces defensor de Boca.

14 DE ENERO DE 1995: AVELLANEDA CERO

Debut absoluto como entrenador de Racing en un mediocre empate sin goles ante Independiente.

El reloj marcaba las 22.10 y, detrás de sus once titulares, Diego Maradona pisaba el pasto del Mundialista de Mar del Plata para su primer desafío en el banco de la Academia. La camisa multicolor se perdió entre el mar de fotógrafos. El partido tuvo un primer tiempo aburrido, en el que lo más destacable fueron las expulsiones de Cascini y De Vicente. En el complemento, la llovizna lo hizo más rápido. Allí se vieron situaciones claras que generaron para su equipo el Turco García y el Piojo López. Terminó la noche conforme por el empate y con un saludo afectuoso con el DT rival, Miguel Brindisi.

15 DE ENERO DE 1981: LA TENTACIÓN MILLONARIA

River aceleró el interés por su fichaje luego de varios meses de intenciones. Intensas reuniones donde se mencionaron cifras millonarias y múltiples formas de concretar la operación.

El 4 de mayo del año anterior, Argentinos había derrotado a River 2-0 con dos goles suyos y rendimiento de superstar. "Quiero comprar ya mismo a ese talento", les confío a sus pares de la Comisión Directiva el entonces presidente millonario Rafael Aragón Cabrera. Con ese consentimiento, supo esperar la imposibilidad de Argentinos de seguir sosteniendo el contrato del 10 (ver efeméride del 9 de diciembre) y fue a fondo:

– ¿Cuánto quiere, Cónsoli?

– Trece millones de dólares limpios.

– Creo que se le fue la mano.

– No importa, me sobran ofertas.

La contraoferta salió una semana después: seis millones de dólares más el pase definitivo de dos jugadores de esta lista: Pedro González, Pablo Comelles, Héctor López, Leopoldo Luque, Luis Landaburu y Alfredo de los Santos. Pasaron muchos días sin novedades. El contrato del jugador era un punto de disidencia porque la dirigencia riverplatense no aceptaba sueldos iguales o superiores a los de sus estrellas, Ubaldo Matildo Fillol y Daniel Passarella. Y porque de esos seis, desde Núñez podían juntar apenas dos.

16 DE ENERO DE 1996: CARTONERO

Duro contrapunto con el entonces presidente de Boca, Mauricio Macri, por los premios del plantel de Boca.

"Pensé que venía Berlusconi y me encontré con el cartonero Báez", disparó Diego contra Mauricio Macri en una entrevista al programa De una con Niembro, desde Punta del Este. En aquel momento, Macri recién asumía la presidencia del club y pretendió acordar con el plantel xeneize una nueva escala de premios a ganar por los puntos que obtuvieran en el siguiente torneo. Los dardos se dispararon entre ambas partes a lo largo de una semana. "Que Macri no embrome, Boca no es Sevel" (la empresa familiar de los Macri). "Fue el apodo que más me gustó, porque me ayudó a que todo el mundo entienda que cuando se administra lo que no es de uno, se debe ser austero, cuidadoso. Siempre me peleaba, por lo que sea, por mil mangos,

pero porque era la plata de Boca", reconoció años más tarde el actual presidente de la Nación.

17 DE ENERO DE 1988: BARRO GENOVÉS

Golazo sobre la hora ante Sampdoria como visitante en medio de un lodazal.

En Italia presentaron aquel partido correspondiente a la decimoquinta fecha como el duelo entre los "10". Del lado local, Roberto Mancini, y del otro, obviamente, Diego Maradona. Comenzó mostrando una mejor imagen la estrella del Napoli, con algunos pases precisos y una genial acrobacia que terminó en un centro al corazón del área, que nadie aprovechó. El estratega yugoslavo, Vujadin Boškov, dispuso de una marca personal con Luca Fusi, además de la vigilancia permanente de Pietro Vierchowod, el defensor más duro que le tocó enfrentar, según contó Maradona a El Gráfico en 2007. Pasaron los minutos y la lluvia anegó el césped del Luigi Ferraris. Algunos buenos encuentros de la dupla Vialli-Mancini hicieron figura a Garella hasta que llegó el minuto 87. El defensa napolitano Massimo Filardi remató alto al área local. El rechazo le quedó servido a Diego, quien se acomodó en la medialuna y sacó un zurdazo que entró por el medio del arco. Golazo festejado hasta la afonía por dos puntos de oro que viajaban hacia el sur.

18 DE ENERO DE 1979: FÚTBOL SIN ARCOS

Goleada 5-0 ante Ecuador sin goles de Maradona.

Según el puntaje de El Gráfico, Diego jugó para 9 en los 80 minutos que disputó. Sin embargo, los autores materiales del aplastante 5-0 ante los ecuatorianos fueron Ramón Díaz en tres ocasiones y un doblete de Osvaldo "Pichi" Escudero. La clasificación para la fase final, que en definitiva era lo más importante de aquella noche de verano en Montevideo, estaba lograda.

19 DE ENERO DE 1997: ESTA BOCA NO ES MÍA

Durante todo aquel enero las posibilidades de regreso de Maradona a Boca subían y bajaban de acuerdo con las reuniones entre la dirigencia y Guillermo Coppola hasta que otra guerra de declaraciones entre el 10 y Mauricio Macri pinchó todas las posibilidades.

El deseo de Héctor Veira, una vez asumido como entrenador xeneize a fines de diciembre de 1996, fue contar en el plantel con Maradona y Caniggia para levantar un equipo que había desarrollado una campaña muy mediocre en el torneo Apertura. Sin embargo, cuando Diego y el Bambino más acercaron las partes, el cortocircuito del astro con la dirigencia fue una lápida para los sueños del técnico: "La diferencia más importante entre Macri y yo es que por mi lado quiero que Boca salga campeón a toda costa, mientras que él pretende quedar como el que revolucionó la cancha de Boca. Yo lo respeto, pero no quiero sentarme más a hablar con él, corté las relaciones. El Bambino está preocupado porque además heredó jugadores que nunca hubiera elegido, pero a Macri le jode que tenga contacto directo con Veira".

20 DE ENERO DE 1996: OTRA VEZ CON EL NARIGÓN

Debut para el Boca de Bilardo en el torneo de verano de Mar del Plata. Dicgo fuc capitán y jugó 78 minutos.

El estadio mundialista de Mar del Plata se llenó de punta a punta. La atracción de Maradona no se tomó vacaciones jamás en 21 años de carrera y mucho menos en el primer partido de Carlos Bilardo como DT de Boca. Estaban juntos otra vez. El astro y el Doctor. A su historia de la selección y el sinuoso camino de Sevilla le iban a agregar la experiencia de Boca. Apenas habían pasado 13 minutos cuando Diego puso como con la mano un tiro libre en la cabeza de Néstor Fabbri para establecer el 1-0 final ante Racing Club.

21 DE ENERO DE 1997: MANYA, MI BUEN AMIGO

El presidente de Peñarol, Julio Damiani, declaró que Peñarol "dará batalla" para obtener la ficha de Maradona, alejado de Boca por sus discusiones con Mauricio Macri.

"En Uruguay sabemos que Maradona desea jugar aquí", contó entusiasmado el pope aurinegro al diario Últimas Noticias de Montevideo, y agregó: "Si Maradona viniera, irían 50.000 personas a ver a Peñarol en cada partido, sería la gran revolución del fútbol uruguayo". Por otra parte, Enzo Francescoli también alentó la posibilidad: "Me gustaría jugar con él, pero es bueno que nos apuremos porque entraremos a jugar con bastón. Ojalá se dé porque sería muy bueno para todo nuestro fútbol".

22 DE ENERO DE 1985: EL DIEGO DE LA GENTE

Por pedido de su compañero Pietro Puzone a fines de 1984, aceptó jugar un partido benéfico en una cancha precaria ubicada en Acerra, al noroeste de Nápoles, para ayudar a un niño de escasos recursos que debía ser operado.

El consentimiento fue inmediato. La idea fue llevar al equipo titular del Napoli para recaudar lo máximo posible y entregarlo a la familia del niño. Sin embargo, el presidente del Napoli, Conrado Ferlaino, se negó rotundamente y pidió para autorizar la presencia de Maradona un seguro de 12 millones de dólares. Fue entonces cuando Diego tomó la decisión unilateral de participar del juego. Las imágenes fueron más que elocuentes: elongación entre los autos estacionados, mucha gente rodeando el rudimentario terreno de juego y la aparición de la fría lluvia de invierno para hacerlo más épico, más emocionante. Su hermano Lalo jugó un rato en el cual el 10, vestido de jugador del Napoli, se tomó muy en serio el partido, convirtiendo dos goles de su clase, dando indicaciones y embarrándose de pies a cabeza, como puede verse en el video que está colgado en YouTube desde hace una década. Aquella tarde, el Diego de la gente había dado otra lección de humildad y autenticidad.

23 DE ENERO DE 1987: EN UN AUTO FEO

Para Año Nuevo, solicitó a su entorno conseguir una Ferrari que no terminó de gustarle.

Según contó Coppola, en el momento en que Diego la vio dijo que "no lo podía creer, estaba maravillado". Sin embargo, el amor duró poco. "¿No tiene aire acondicionado ni estéreo?", preguntó, a lo que Coppola respondió: "No, es un auto de carreras, no tiene estéreo, aire acondicionado, tapizados en las puertas, no tiene nada". Con cara de enojado, el 10 expresó: "Bueno, entonces, que se la metan en el...", aunque finalmente la disfrutó algunos años.

24 DE ENERO DE 1993: PECHO Y GOL

Golazo al Sporting Gijón para el triunfo de Sevilla 1-0 por la jornada 19 de la Liga.

Corrían solo dos minutos de juego cuando bajó con el pecho un pase lejano de Jiménez que le cayó justo para frenarla, girar y clavarla lejos del alcance del arquero, Rodri Basulto. El triunfo permitió que el equipo de Bilardo saltara a puestos de Copa UEFA y mostrara la mejor actuación colectiva de la temporada con pinceladas de Diego a lo largo de toda la tarde que levantaron al Sánchez-Pizjuán, como las habilitaciones a Monchi y Diego Rodríguez que terminaron con sendos remates al travesaño. Tanto gustó su actuación que se habló en el pospartido de una extensión de su contrato.

25 DE ENERO DE 1984: EL REY DESCANSÓ

En medio de alguna polémica, decidió no jugar el partido de ida ante Hércules por la Copa del Rey, serie que en la revancha resolvería con un gol suyo.

"Viajo a Alicante, pero sabiendo que no voy a jugar ni voy a estar en el banquillo. En Bilbao sí que jugaré. Físicamente no estoy bien. Psicológicamente no me pasa nada, pero sí en cuanto a mi estado físico, que no me permite actuar entre semana, pero estoy convencido de que los que juaguen decidirán la eliminatoria ya en el partido de ida". Esta vez no acertó porque ese partido fue derrota 2-1, lo que obligó en la revancha a poner toda la carne en el asador. Para alegría de todos, no hubo sorpresas en el Camp Nou y el Barsa ganó 3-0, el segundo de Diego que fue determinante para la clasificación.

26 DE ENERO DE 1994: ¿POR QUÉ TE VAS?

Último partido con la camiseta de Newell's. Amistoso en el Parque Independencia ante Vasco da Gama.

Encabezó la fila de jugadores como capitán que siempre fue. Su gesto no era de alegría, solo soltó una sonrisa cuando un pibe en silencio le palmeó la espalda. Scoponi; Basualdo, Gallucci, Mauricio Pocchettino y Siviero; Martino, Llop, Berti, Iván César Gabrich y Ruffini fueron los diez compañeros de aquella cálida noche rosarina. "Estoy más o menos", pareció leerse en sus labios hablando con el capitán vascaíno Ricardo Rocha. "Que de la mano de Maradona todos la vuelta vamos a dar", bajaba desde la tribuna rojinegra casi de compromiso. En un tiro libre, sin el pitazo del juez la clavó en el ángulo. Cerca del final del partido, pidió el cambio al profesor Castelli, cuando los dolores lo cercaron. Carlos Morales Santos entró en su lugar. Con la ovación de la gente como fondo, le declaró a Enrique Sacco que Newell's debía crecer como equipo. "Lentamente, pasito a pasito. El martes nos vemos en Mar del Plata". Tiró su camiseta a la platea y así se terminó su corta historia como leproso. El partido quedó 0-0. La revancha en el Minella nunca se jugó.

27 DE ENERO DE 1982: GIRA MÁGICA Y MISTERIOSA

Punto final para los siete partidos en 21 días jugados en Estados Unidos, Malasia, Hong Kong, Japón, México y Guatemala, donde, con gol de Diego, Boca batió a Comunicaciones 1-0.

El estadio Mateo Flores de la capital guatemalteca explotó de júbilo cuando vio aparecer a Maradona para disputar el amistoso ante su equipo. El terreno de juego fue un conspirador para el trámite del partido, superior aun al cansancio que el plantel xeneize arrastraba por tanta exigencia. Por ello, no extrañó que el resultado fuera tan corto y que el triunfo hubiera llegado en una inspiración de Diego en el primer minuto de la segunda etapa, tras pase de Ricardo Gareca, cuando se sacó un defensor de encima y sacó un puntinazo de zurda que se amortiguó en las piernas de un defensor local.

28 DE ENERO DE 1997: TE AMO, TE ODIO, DAME MÁS

Daniel Passarella sorprende a todos con un elogio directo a Diego en una conferencia de prensa.

"La Argentina está nostálgica. Como Italia que extraña a los Zoff, a los Causio, Bettega, Paolo Rossi, Cabrini y Scirea, aquí se extraña mucho a Maradona", disparó Daniel Passarella el día del comienzo de entrenamientos pensando en Colombia-Argentina por eliminatorias. Un elogio puramente futbolístico a Maradona que reiteró días antes del inicio de la Copa del Mundo, cuando declaró: "El mundial extrañará a Maradona". Tantos años de guerra fría entre ambos, nacida en la previa del Mundial de México, tuvieron una tregua tras la final que consagró por segunda vez a Francia como campeón mundial, cuando en un video difundido por la cuenta de Instagram de Diego se vio un saludo afectuoso entre ambos.

29 DE ENERO DE 1981: EXTRA, EXTRA

El diario Crónica en su sexta edición publicó por primera vez que Boca podía contratarlo.

La oferta de River era concreta y venían en plena negociación. Sin embargo, una noche, don Chitoro pidió la palabra y le dijo a su hijo:

–¿Diego, sabés que estuve pensando?

–No, pá…

–Qué algún día sería muy lindo verte jugar con la camiseta de Boca. ¿Te imaginás? Yo soy de Boca, tu madre también… sería lindo.

A los pocos días, Francisco Franconieri, encargado de la información de Boca para el diario Crónica, llamó a Maradona para saber si las negociaciones con el club de Núñez habían avanzado, y recibió esta respuesta: "No voy a firmar para River... porque me llamó Boca". Era mentira, pero el titular del vespertino, "Maradona a Boca", fue el despertador que sonó en Brandsen 805 para iniciar las tratativas.

29 DE ENERO DE 1984: EN TU CARA

Doblete en el San Manés para derrotar a domicilio al Athletic de Bilbao, acercarse a la cima del certamen y vengar la fractura de tobillo de Andoni Goikoetxea ocurrida cuatro meses antes.

Clima explosivo en Bilbao. Si el cuadro de Javier Clemente ganaba, se escapaba definitivamente del Barcelona en la lucha por el campeonato. Los locales apretaron al principio, pero un pelotazo en profundidad premium de Víctor dejó a Maradona solo de cara a la portería. Definió de zurda, rebotó en Zubizarreta y, con otro toque en segunda instancia, marcó la primera ventaja. Tras un error en salida de Bernd Schuster, el centrodelantero Argote puso el empate que se extendió hasta faltando trece minutos. Diego, que había jugado un partido de alto vuelo, aprovechó un cabezazo de Alesanco y, con otro golpe de cabeza sobre la línea del área chica, clavó la pelota junto al travesaño. El silencio invadió el ambiente durante el resto de lo que se jugó. Al finalizar, un Maradona eufórico manifestó su tristeza por lo poco cordial que fue el verdugo de su tobillo en el saludo de despedida: "Goikoetxea le dijo todo el partido a Lizarazu que me provocara. Pensaba que era mejor jugador y persona".

30 DE ENERO DE 1979: EL CHICO DE LA TAPA

Debido a sus descollantes rendimientos en el torneo Juventudes de América de Uruguay, salió por primera vez en la tapa de El Gráfico.

Por aquellos tiempos, salir en la portada del semanario deportivo más importante del continente otorgaba una gran chapa al deportista. Pese a la revolución que Diego había realizado en los dos años anteriores, a fuerza de goles y mágicas actuaciones, nunca había sido premiado por la revista. El número 3095 se transformó en histórico al tener una foto del astro levantando los brazos en el estadio Centenario. Además, publicó una nota de seis páginas titulada "El mundo de Maradona", donde no ahorró elogios para su representante, Jorge Cyterszpiler, y muchas críticas a los dirigentes.

30 DE ENERO DE 1982: QUÉ NOCHE MÁGICA

Aplastante 4-1 a Racing por el torneo de verano de Mar del Plata, antepenúltimo partido de su primer ciclo en Boca, donde deleitó al público con varias jugadas brillantes.

Su aporte goleador en la noche marplatense fue un penal suave al palo de la mano derecha del arquero académico que abrió el marcador a los 35 minutos. En definitiva, terminó siendo su único gol en la historia de los tradicionales torneos veraniegos. Sin embargo, aquel partido quedó en la memoria por el recital futbolístico que dio. El escaso registro fílmico mostró dos apiladas como las vistas en México 86, por ejemplo, una de ellas escapando por derecha. Recibió sobre la raya central, aceleró como por una calle imaginaria, se sacó de encima a un defensor, escapó al guardavalla, enganchó para su zurda y definió tres dedos sobre un primer palo que un jugador racinguista logró cubrir con lo justo.

31 DE ENERO DE 1979: CHAU BRASIL

Triunfo del seleccionado juvenil ante Brasil para asegurar la clasificación al Mundial de Japón y la eliminación del clásico rival.

La fase final del Sudamericano sub-20 había comenzado con dos empates a cero contra Paraguay y Uruguay. Por la última fecha del cuadrangular que definía a los clasificados, era el turno de enfrentar a los brasileños, que habían perdido ante esas selecciones. El triunfo, que urgía para garantizar el boleto a Oriente, llegó gracias a un oportuno tanto de Hugo Alves de penal a los 26 minutos, cuando el equipo de César Luis Menotti había creado cuatro situaciones muy claras de gol. También colaboró otra actuación de Diego que El Gráfico calificó con nueve puntos, pese a pecar de individualista en varias acciones. De todos modos, recibió un sinfín de infracciones y golpes arteros impropios del estilo del rival. Además, sirvió para que el Scratch ni siquiera pudiera jugar el repechaje contra Australia e Israel. El triunfo de la Celeste ante los guaraníes no posibilitó la consagración, pero evitó ir a jugarse la clasificación contra las dos selecciones antes mencionadas. Objetivo cumplido y nacimiento de una selección que quedaría en la historia grande.

FEBRERO

1 DE FEBRERO DE 1987: EL DEMONIO DEL FRIULI

Contundente 3-0 del Napoli como visitante ante Udinese con lujosa actuación de Maradona.

Sus primeras imágenes de la tarde soleada del noreste italiano fueron un giro sobre su eje y un pase de 50 metros al pique de Caffarelli y otros soberbios toques a puro talento para acercar a su equipo al arco local. Maradona en modo destructivo visitaba Udine. Por eso, no sorprendió su gol de penal a los 26, repleto de categoría. Menos, esa presión alta de Romano y Careca, combinación entre ambos y descarga hacia Diego, que definió con la parte interna del pie zurdo entrando por derecha antes de cerrarse la primera etapa. “Todo Napoli jugó un excelente partido y me hicieron jugar a mí muy bien”, sintetizó el 10 en vestuarios.

2 DE FEBRERO DE 1981: ¿CÉSAR, SO' VO'?

Sorprendente declaración de César Luis Menotti para la revista France Football sobre el juego de Maradona.

“Maradona es un genio del fútbol, pero no defiende lo suficiente para ser el mejor jugador del mundo; puede cubrir varios sectores y contribuir a un juego espectacular y eficaz”, expresó César Luis Menotti en un reportaje a doble página publicado por el prestigioso medio francés. El entonces entrenador campeón del mundo agregó:

“Solo cuando convierta 1000 goles y gane la Copa del Mundo tres veces, podrá ser comparado con el Rey Pelé”.

3 DE FEBRERO DE 1997: LA COPA LIBERTADORES ES MI OBSESIÓN

“Mi llegada a Peñarol está concretada en un 75%; es más, es casi un hecho mi llegada. Nunca jugué Copa Libertadores y sería muy atrayente”, declaró Diego muy entusiasmado por la chance de jugar en el Aurinegro.

“Mientras yo me divierta jugando, no me importa jugar a cancha vacía. Y cuando sepan que yo me estoy divirtiendo, la gente va a ir”. Un Maradona embalado con la posibilidad de seguir en actividad tras no llegar a un acuerdo con Boca y mucho más enfocado en ese Peñarol-Nacional por Copa Libertadores que se jugaría a fin de mes. Del lado de los carboneros, había alto interés en sumarlo para contar con ese protagonismo que siempre tuvo todo equipo al que estuvo ligado Diego. Además, la oferta incluía participar en partidos del torneo local. En el momento de máxima ebullición, el astro se refugió en la tranquilidad de Esquina, Corrientes, mientras su entorno continuaba con esta negociación y también con la oferta para ser parte de la noche amarilla del Barcelona de Ecuador.

4 DE FEBRERO DE 1990: DOS CREMONAS

Doblete en el cómodo triunfo como local ante Cremonese por la jornada 23 de la Serie A.

El Galgo Dezotti fue a saludarlo antes del comienzo y le pidió un poco de piedad. Diego sonrió porque quizás imaginaba otra actuación de su nivel para llevar al Napoli a un triunfo lógico en el marco de un partido que se rompió cuando Mauro apretó la salida de Cremonese y le dio el gol servido a Alemão. Nueve minutos más tarde, acomodó la pelota casi a 35 metros, clavó la vista en el ángulo y sacó un zurdazo que dibujó una comba perfecta. Cuando el trámite pidió el tercero, se juntó con Crippa y Carnevale y selló el 3-0 final para mantener los dos puntos de ventaja sobre Milan, que había logrado dar vuelta su partido en Florencia.

5 DE FEBRERO DE 2018: SHH SHILTON

Consultado por la prensa local, el arquero inglés del Mundial de México proclamó que no quiere reunirse con Maradona hasta que se disculpe por el gol con "la mano de Dios".

Peter Shilton publicó en sus redes sociales que se había enterado del viaje de Diego a su país. Para interactuar con sus seguidores, consultó a modo de encuesta si debía aceptar una invitación o no para reunirse con el astro argentino. Las opiniones fueron variadas, pero la consulta dio por ganador al "sí" con un 62%. Sin embargo, el exarquero redobló su pensamiento: "No daré marcha atrás; solo lo haría en caso de recibir la disculpa que espero desde hace más de tres décadas". Por su parte, Maradona ya había sido claro con este tema tiempo atrás: "No me arrepiento de haber anotado con mi mano. No entonces, no 30 años después... No en mi lecho de muerte".

6 DE FEBRERO DE 1982: PRIMER ADIÓS

Último partido con la camiseta de Boca durante su primer ciclo, donde su equipo cayó ante River Plate 1-0 por la Copa de Oro de Mar del Plata.

La noche de Mar del Plata tuvo un imán imposible de esquivar. Boca y River definían al campeón de verano, y algunos jugadores, como Passarella, Ramón Díaz y Kempes, del lado millonario jugaban por última vez antes de enfocarse en la preparación para el Mundial de España. Fue el mismo caso que Diego, quien tenía contrato con el xeneize hasta el 30 de junio, pero se despidió en aquel partido. Más allá de algunas gambetas y apiladas, no fue el mejor adiós. El sentido de pertenencia de Maradona con Boca nacía para siempre, convirtiéndose en el estandarte a lo largo de esos años muy complicados en la historia boquense, llevando la camiseta azul y oro a una fama mundial en la que siempre fueron sinónimos Maradona y Boca Juniors.

7 DE FEBRERO DE 1981: ¿QUIÉN NO QUIERE SER MILLONARIO?

Después de mucho tiempo de negociación, Rafael Aragón Cabrera, entonces presidente de River Plate, dio por concluida la negociación con Argentinos y Maradona.

Aquel sábado en Mar del Plata, River venció al Argentinos de Maradona 1-0 cerrando una alentadora pretemporada por resultados y juego mostrado. Sin embargo, todas las luces se la llevaba la aún abierta chance de que Diego fuera jugador millonario, hasta que el propio mandamás, Rafael Aragón Cabrera, reconoció en rueda de prensa: "River no tiene un peso para traer a Maradona. Solo respondí a una inquietud de la masa societaria". Para colmo, el astro y un grupo de amigos tuvieron un incidente con el personal de seguridad del Monumental cuando concurrieron a ver un partido de juveniles entre la Academia Tahuici de Bolivia y el Inter. "A este club no vuelvo más", exclamó para quien quisiera escucharlo. La lápida final fue la respuesta de Jorge Cyterszpiler a Aragón: "Vamos a esperar unos días, pero Diego me dijo que no quiere jugar en River".

8 DE FEBRERO DE 1981: LA DANZA DE LA FORTUNA

Con la posibilidad de River en punto cero, Barcelona y Boca picaron en punta para quedarse con Maradona.

Por esos días, Barcelona, representado por Josep María Minguella, exigía hacer valer el precontrato firmado en mayo de 1980 y ofertó seis millones de dólares (dos para el contrato personal del Pelusa) para, en principio, llevárselo tras el Mundial de España, mientras que Boca, en la cabeza del dirigente y exdiputado Carlos Bello, pensaba la estrategia para vestirlo de azul y oro. "Solicitamos condiciones por transferencia jugador Diego Armando Maradona. Saludos. Club Atlético Boca Juniors", decía el telegrama recibido en la sede de La Paternal. Por otra parte, desde Italia se notificaban sondeos de Internazionale de Milan y Juventus.

9 DE FEBRERO DE 2017: EL DIEGO DE LA FIFA

Casi un año después de su asunción como presidente, Gianni Infantino nombró a Diego como uno de los embajadores de la FIFA.

"Ahora sí, es oficial. Finalmente puedo cumplir uno de los sueños de mi vida, trabajar por una FIFA limpia y transparente, con personas que realmente aman el fútbol. ¡Gracias a todos los que me alentaron a enfrentar este nuevo desafío!", expresó el 10 en sus redes sociales. De paso, también se lo designó como capitán del equipo de las leyendas FIFA que jugó varios partidos de exhibición en diferentes puntos del planeta.

10 DE FEBRERO DE 2009: APRENDER A VOLAR

En su primer contacto como técnico y jugador, Maradona le transmitió los secretos de su pegada en los tiros libres a Lionel Messi.

Atardecer frío y húmedo en Marsella. En el Stade Vélodrome, la práctica de la selección argentina con vistas al amistoso ante Francia había finalizado. Mascherano, Tevez y Messi solicitaron a Diego quedarse un rato más practicando tiros al arco. Leo probó con varios tiros libres que se fueron lejos del arco. Tras un gesto de fastidio, comenzó a caminar hacia el vestuario. "El Profe" Fernando Signorini, según él mismo cuenta en el libro Esto (también) es fútbol, lo retó al crack: "Agarrá una pelota y volvé a intentar", hasta que al instante Maradona se acercó: "Leíto, Leíto, vení, papá, vamos a hacerlo de vuelta. Poné la pelota acá y no le saques el pie tan rápido porque ella no sabe lo que vos querés". Según contó Signorini a los periodistas Eduardo Bolaños y Javier Tabares, el diálogo se cerró con Maradona clavando un zurdazo en el ángulo, que dejó admirado a Messi. La pegada del rosarino en los tiros libres mejoró sustancialmente tras aquella anécdota. Sin dudas, el Maestro había transmitido sus conocimientos.

11 DE FEBRERO DE 2009: OH LÀ LÀ

Primer triunfo resonante dirigiendo a la selección argentina. Con goles de Jonás Gutiérrez y Lionel Messi, derrotó 2-0 a Francia en Marsella.

Fue el partido donde Messi y Agüero se complementaron de manera excelente, conformando una pesadilla para el desdibujado seleccionado francés al que del equipo subcampeón en Alemania solo le quedaban algunos retazos. Un mediocampo argentino donde Jonás Gutiérrez, autor del primer gol cuando nadie lo esperaba, y Maxi Rodríguez derrocharon vigor, donde Mascherano y Gago hicieron su trabajo correctamente, más allá de cierta desconexión de Fernando con los delanteros en su función creativa. Un gol a lo Messi del heredero de la 10 dio la tranquilidad para administrar un triunfo bien festejado por Diego.

12 DE FEBRERO DE 1981: LUNA DE MIEL EN LA MANO

Luego de intensas reuniones, se logró el acuerdo total entre Argentinos Juniors y Boca Juniors por su pase.

"Las negociaciones club a club están cerradas. Boca se comprometió a pagar seis millones más la cesión de los jugadores Santos, Rotondi, Salinas (en forma definitiva), Bordón, Randazzo y Zanabria (a préstamo por un año)". Satisfecho, Próspero Cónsoli comentó los pormenores del arreglo entre su club y Boca Juniors para que el Pelusa se convirtiera en jugador xeneize. La estrategia pensada sin un dinero disponible que respaldara semejante esfuerzo, algunos detalles legales donde jugó el Barcelona de España y el deseo ferviente de Maradona, junto a su entorno, de vestirse de azul y oro concretaron el pase del siglo, aunque habría varios capítulos más en la novela durante los siguientes ocho días.

13 DE FEBRERO DE 1980: AMÉRICA MÍA

En el marco de una tradicional encuesta que realizaba todos los años el diario El Mundo de Caracas, fue elegido como el "mejor jugador de América 1979".

El vespertino venezolano acostumbraba reunir la opinión de 18 periodistas sudamericanos especializados en fútbol para elegir al mejor futbolista del Cono Sur. Aquella vez, Diego sumó 80 puntos, aventajando con comodidad a Julio César Romero, "Romerito", de Paraguay, Falcao y Ubaldo Matildo Fillol. El año anterior, este premio había sido ganado por Mario Alberto Kempes.

14 DE FEBRERO DE 1981: DÉJALO SER

En un amistoso ante la selección de Hungría, jugó su último partido completo con la camiseta de Argentinos Juniors. Fue empate 1-1 en Mar del Plata.

"Y Diego no se va", cantaban los hinchas del Bicho presentes aquella noche. Algunos lo hacían con la nostalgia de saber que ya había escapado del nido. Otros, un poco más violentos, ratificando un clima muy tenso durante esa semana en el club, en la que aparecieron diez tablones de la cancha incendiados, una horca pintada con los nombres de Cónsoli y otros dirigentes de peso, más mucha amenaza telefónica. Seria; Carrizo, Beaullieu, Angeletti y Olarán; Vidal, García, Magallanes, Pasculli y Morel Bogado fueron los últimos compañeros del Pelusa en el club que lo vio nacer. Ya en el vestuario, ellos mismos le acercaron una camiseta azul y oro y posaron para las fotos junto a él.

15 DE FEBRERO DE 1982: SELECCIONADO

Inicio del trabajo de la selección argentina con vistas al Mundial de España, donde todos los integrantes del plantel que jugaban en nuestro país no participaron de los partidos de sus clubes.

César Luis Menotti había presentado la planificación en AFA con el debido tiempo de antelación para que ningún club argentino pusiera trabas en el proceso de su selección. Por eso, Diego, pese a figurar como jugador de Boca en los registros hasta el 30 de junio de 1982, ya se había despedido en el amistoso ante River, nueve días antes (ver efeméride del 6 de febrero). La concentración se inició en la Villa Marista de Mar del Plata hasta el 23 de marzo y luego prosiguió en

el Complejo de Gatic en la localidad bonaerense de Tortuguitas, con algunos amistosos.

16 DE FEBRERO DE 1997: PEÑAROL NO (VA) MÁ'

Luego de 20 días de gestiones y habiendo llegado a un acuerdo total con Peñarol, ambas partes prefirieron no concretar el pase.

"No podemos aceptar que un jugador llegue con el bolsito recién un rato antes del partido. Todo tiene sus límites", dijo el vicepresidente, Juan Pedro Damiani, dejando en claro la postura de Peñarol. "Me hubiera encantado jugar en Peñarol, pero no fue por mí ni por un problema económico", aclaró Maradona. Cuando ya toda la afición aurinegra preparaba su recibimiento, la posibilidad se esfumó. Hasta Damiani había logrado el consentimiento pleno de la Comisión Directiva y se habían arreglado todos los puntos del contrato con el Multimedios América. Ya se hablaba de un partido amistoso de bautismo ante Colo-Colo y de su participación en la Copa Libertadores defendiendo la camiseta del quíntuple campeón continental. "A mí no me van a apurar como a un novato. Hablé ayer a la tarde con Damiani y estaba todo bien. No sé qué pudo haber pasado, pero para mí que se les cayó algo y le quieren echar la culpa a Maradona", sintetizó Diego.

17 DE FEBRERO DE 1993: EL MEJOR ARGENTINO

En la previa del amistoso entre la Argentina y Brasil en Buenos Aires, la AFA lo condecora como el "Mejor futbolista argentino de todos los tiempos".

La noche del Buenos Aires Sheraton Hotel se vistió de gala por la celebración de los 100 años que cumplía la Asociación del Fútbol Argentino. Visitas ilustres como la cúpula completa de la FIFA, quienes se empeñaron toda la noche por esa foto con Maradona. Entretanto, Julio Grondona tomó la palabra y, en nombre de la historia del fútbol argentino, premió a Diego como el mejor jugador de ese centenario que cumplía la casa mayor del fútbol argentino. Cuando habló, el 10 fue bastante sincero: "Este premio es tan grande que me parece injusto. Mucho más cuando pienso que esa distinción le hubiera quedado a medida a un monstruo como Kempes".

18 DE FEBRERO DE 1990: CIEN GRITOS

En el triunfo del Napoli 3-1 ante la Roma, Diego celebró sus goles 100 y 101 con la casaca napolitana.

Costaron mucho aquellos dos puntos obtenidos ante el cuadro de la capital italiana. Nela había adelantado a los visitantes mediante un golazo de tiro libre. Maradona pudo tomar las riendas del partido sobre el final del primer tiempo, cuando estrelló un zurdazo en el travesaño e hizo echar a Stefano Pellegrini. En la segunda etapa, llegó rápidamente el empate mediante un gol suyo de penal. El San Paolo, a pleno, festejó ese gol número 100. Careca puso el 2-1, y otra vez desde los doce pasos, Diego firmó su grito 101 cambiándole el palo al arquero Cervone. El Napoli y Milan seguían codo a codo en la punta del Calcio.

18 DE FEBRERO DE 1993: ESE ES TU PÚBLICO

Ante una multitud que desbordó las tribunas del Monumental, volvió a ponerse la camiseta albiceleste, que no usaba desde la final de Italia 90, cuando la selección empató 1-1 frente a Brasil.

Conseguir una entrada fue una misión difícil. Todos los ojos del Monumental se posaron sobre su figura. Muchos particulares dentro del campo lo palmeaban hasta cuando fue a patear los córneres. Diego había cruzado el Atlántico para estar nuevamente en la selección y acumularía bastante millaje en diez días repitiendo el periplo dos veces. El país se paralizó para ver el retorno al amor de su vida. La Argentina y Brasil animaron un partido poco atractivo, Maradona estrelló un tiro libre en el parante del arco de Taffarel y el 1-1 conformó a todos.

19 DE FEBRERO DE 1980: 100 % HABILIDAD

En un amistoso entre Deportivo Pereira y Argentinos Juniors, dibujó una maniobra a pura habilidad que terminó en uno de los mejores goles de su carrera.

Recibió de espaldas y con un giro rápido dejó en el piso a Farid Perchi, quien se barrió e hizo trastabillar al 10, que siguió la carrera. Perchi le salió otra vez de frente, pero nada pudo hacer. Entre él y otro marcador, se escabulló el Pelusa, quien también tuvo tiempo para amagar a Contreras y Viáfara. Ya adentro del área, le salió el arquero, quien quedó en cuatro patas sin la pelota. En la línea, apareció el último defensor, pero ya nada podía hacer para evitar la obra de arte. Como siempre con la zurda, definió arriba y puso el 3-3 entre Argentinos y Pereira, quien se llevó el triunfo por penales. La imagen televisiva de este gol recién apareció en 2013.

19 DE FEBRERO DE 1981: AHORA SÍ

Diego confirmó en un reportaje al periodista Ramón Andino que había arreglado su contrato con Boca, y el pase, finalmente, estaba totalmente concretado.

"Todo el mundo había arreglado, menos Maradona", fue lo primero que declaró en la noche marplatense en la que recibió la Pelota de Oro de Adidas 1980. Después de ocho días de reuniones extenuantes, desacuerdos por cosas mínimas, contratos que debían cumplirse para la presentación y muchos etcéteras que empantanaron la operación hasta ponerla en serio riesgo. "Listo, Jorge, nos pusimos de acuerdo. Randazzo aceptó venir. Los esperamos mañana para firmar". Cyterszpiler, con el tubo del teléfono en la oreja, miró a Diego y levantó el pulgar. Ya era jugador de Boca. El pase del siglo estaba concretado.

20 DE FEBRERO DE 1981: CON LA CAMISETA PUESTA

Firmó contrato con Boca y se presentó en un partido amistoso en La Bombonera ante Argentinos Juniors, donde jugó un tiempo para cada equipo.

La austera sala de la presidencia recibió al Pelusa, quien realizó tres firmas de contrato: la verdadera en privado, la simulada frente a las cámaras de Canal 13 en exclusiva y otra simbólica para el resto del periodismo. Por la noche, se improvisó un partido de presentación. En el vestuario visitante de La Bombonera, quebró la historia para siempre, dejando la camiseta del Bicho en manos de su descubridor, Francis Cornejo, para calzarse la Adidas azul y oro. Esos livianos 45 minutos finales tuvieron toques, gambetas y un gol de penal. La fiesta se pasaba al domingo.

21 DE FEBRERO DE 2006: O MAIS GRANDE

Triunfo 8-4 ante estrellas de otros tiempos de la selección brasileña por el primero de los tres desafíos de Showbol.

Diego anotó dos goles para el triunfo. Los restantes los convirtieron Sergio Zárate (3), Matías Almeyda, Sebastián Rambert y Diego Signolo. El Scratch ganaba 3-0 en el primer tiempo gracias a dos de Bebeto y uno de Djalminha. El choque se disputó en el gimnasio Nilson Nelson de Brasilia. “Cuando vimos que venía en serio, apretamos y logramos darlo vuelta”, expresó el 10.

22 DE FEBRERO DE 1981: EL SUEÑO DEL PIBE

Debut oficial en Boca con dos goles de penal ante Talleres de Córdoba en La Bombonera. El jugador número 12 le brindó una bienvenida apoteótica en una tarde para la historia.

Fue el sueño del pibe en aquel colchón sobre el piso del comedor-cocina de su Fiorito natal. Fue el sueño de don Chitoro y doña Tota, ambos de corazón azul y oro. Fue el sueño de sus compañeros para darse el gusto eterno de tirar una pared con él. Fue el sueño de la multitud xeneize despedazada en aquella tarde del póker al Loco Gatti en Liniers, la misma que ahora se infló de orgullo el pecho al tener al mejor del mundo jugando para ellos . “Lo quería Barcelona, lo quería River Plei [sic]”, atronó en una Bombonera a punto de implosionar. Diego Armando Maradona debutó oficialmente para Boca Juniors en una tarde ardiente de febrero, con dos goles, además de dos pases gol

a su socio Miguelito Brindisi. Fue 4-1. La primera función, el primer beso, el inicio del romance eterno.

23 DE FEBRERO DE 1986: REMONTAR EL BARRILETE

Doblete para levantar un 2-0 en Verona dentro de un trámite bastante desfavorable.

Hellas Verona arrancó aquel duelo de la jornada 22 hecho una topadora. El Napoli no podía hacer pie en el Marc Bentegodi. Claudio Garella se movía como un gato salvando ataques profundos de la escuadra de Osvaldo Bagnoli. El mediocampista, Luigi Sacchetti, rompió la resistencia con un derechazo desde la medialuna a los 28 minutos. Tras cartón, Diego dibujó una comba preciosa pero el referí Biancardi había cobrado tiro libre indirecto. Galderisi, el jugador revelación italiano del momento, engañó a Renica entrando al área y este le cometió un penal que les sirvió a los locales para alargar la distancia. Sin embargo, siempre hay algo de Maradona en el bolsillo. Un penal ejecutado con clase y una peinadita a lo Caniggia en 1990 sobre la línea del área chica dieron al equipo de Ottavio Bianchi un empate impensado.

24 DE FEBRERO DE 1985: MARADONA'S FÚTBOL SHOW

En la goleada 4-0 frente a la Lazio por la jornada 20, logró su primera tripleta en el Calcio. La derrota provocó el alejamiento del Toto Lorenzo como DT del equipo bianquiceleste.

"Por dentro sentía que la gente de Napoli se enamoraba de mí. Eso me gusta". La sonrisa ancha del 10 ocupaba un amplio porcentaje de su rostro. Había sido su partido más glorioso con la casaca del Napoli hasta entonces. "Hoy se ha visto un jugador increíble, que hizo cosas maravillosas todo el partido. Él fue la gran diferencia que hubo en el campo", declaró azorado el mediocampista visitante, Claudio Vinazzani. Y no exageraba el hombre: apiladas, pases de chilena, puro showtime de esos que Maradona sabía ofrecer como nadie. Los goles fueron todas piezas de museo: el primero interceptando un pase al arquero rival, escapando y definiendo, el segundo con un maravilloso zurdazo combado desde afuera del área por arriba de Orsi. El tercero, olímpico, mediante un córner desde la derecha bien cerrado, festejado a los saltos por el Pelusa en su primera gran tarde napolitana.

24 DE FEBRERO DE 1993: BEBAMOS DE LAS COPAS MÁS LINDAS

La victoria por penales ante Dinamarca por la Copa Artemio Franchi en Mar del Plata fue su último título con la selección argentina.

La competición reunía al campeón de América (Argentina 1991) y al monarca europeo (Dinamarca 1992) en un partido repleto de estrellas, además de la más brillante, que fue Diego: Caniggia, Batistuta, Ruggeri, Goycochea, Leo Rodríguez por el lado albiceleste. Schmeichel y Brian Laudrup del lado danés. Los 34.683 pagantes vieron un partido muy trabado, donde, sobre el final del tiempo regular, el 10 apuró un tiro libre que pegó en el palo. El alargue tuvo más protagonismo argentino y la serie de penales la abrió Diego con un penal bien esquinado. Goycochea le contuvo a Vilfort y Saldaña convirtió el quinto penal que permitió ver por última vez a Maradona levantar un trofeo con la camiseta argentina.

25 DE FEBRERO DE 1984: ÚLTIMO DERBY

En la derrota 2-1 ante Real Madrid, jugó su último clásico español, donde marcó un golazo que no sirvió para evitar la derrota ante el eterno rival.

Esta vez su genio no alcanzó. Real Madrid se llevó los festejos de la noche del Bernabéu luego de un partido bastante aburrido y mal jugado por ambos. Diego tuvo algunas estocadas que lo convirtieron en el mejor valor del equipo de un César Luis Menotti muy criticado por la prensa catalana por la actitud mostrada, en especial tras el gol del empate, jugada donde el 10 anticipó con su botín zurdo a San José, luego de una corajuda maniobra de Julio Alberto. Las malas noticias para el Barsa y para Maradona no se terminaron ahí, dado que en vestuarios se confirmó su ruptura fibiliar que lo alejaría diez días de las canchas.

26 DE FEBRERO DE 1995: MUY VERDES

Debut oficial como entrenador de Racing Club, junto a Carlos Fren, con derrota 1-0 contra Ferrocarril Oeste en Caballito por la fecha 1 del Clausura.

Ignacio González; Michelini, Galván, Costas y Soca; Saralegui, Quiroz y De Vicente; Albornoz, Fleita y Claudio López fueron los once titulares elegidos por Diego en su primer partido oficial como técnico en dupla con Carlos Fren. El partido los abofeteó de entrada cuando Marcos Samso, a los ocho minutos, señaló el 1-0. Se sumó la expulsión por agresión de José Albornoz y un equipo sin ideas, maniatado por la telaraña del viejo zorro Rodolfo Motta desde el otro banco. La imagen final de un Diego con mirada enojada y su vestimenta desarreglada por completo resultaba elocuente para describir un comienzo con derrota.

27 DE FEBRERO DE 1977: CELESTE Y BLANCO

Debut en la selección argentina con 16 años y casi cuatro meses, que sirvió como inicio a la trayectoria del más grande referente de su historia. Fue en La Bombonera cuando los albicelestes golearon a Hungría 5-1.

"Quiero decirle que si el resultado es favorable y el equipo llega a golear, es muy probable que usted juegue". Claro y conciso, César Luis Menotti intentaba mezclar motivación y tranquilidad en el mensaje al adolescente Diego Armando Maradona de cara a su posible debut con la camiseta argentina. Aquel domingo todo pareció un sueño: la llegada a La Bombonera mirando a la multitud desde el micro, la salida al reconocimiento del campo y ese resultado abultado que invitó a pensar: "Esto es goleada, preparate. Yo estaba sentado al lado de Mouzo y escucho: '¡Maradona Maradona!, ¡venga!'. Me acerco a César y me dice: 'Haga lo que sabe, esté tranquilo y muévase por toda la cancha, ¿estamos?'. Enseguida sentí el aliento de todos mis compañeros, pero no podía sacarme el miedo que sentía. Terminó el partido y se me acercó Gallego: 'Así te quiero ver siempre, así'. Cené en casa, vi el partido por televisión y noté muchos errores. Después me dormí y no soñé nada especial". Así describió para El Gráfico, en su edición 2995, su primer día del romance eterno con la selección nacional.

28 DE FEBRERO DE 1977: ECOS DEL DEBUT

Repasó las sensaciones de su estreno con la camiseta de la selección mayor en un reportaje para el diario La Nación.

“No se pueden imaginar lo emocionado que estaba cuando el público comenzó a corear mi nombre. En ningún momento demostré los nervios que sentía, pero creí que no iba a poder controlarme. Al ingresar, Menotti me dijo que cumpliera la función de Luque, moviéndome por todos los sectores y tocando la pelota con rapidez. Prefiero jugar de volante ofensivo porque tengo más espacio para maniobrar. Igual, creo que lo hice bastante bien porque mis compañeros vinieron a felicitarme. Me parecía mentira debutar tan joven en la selección mayor junto a jugadores tan importantes”. Este fue su discurso de nene emocionado por su primera vez.

MARZO

1 DE MARZO DE 1981: SOMBRERITO Y CAÑO

Otro doblete en su segundo partido oficial con Boca. Empate 2-2 contra Instituto en La Bombonera.

Pasada toda la tensión del debut ante Talleres, Diego redondeó otro partido con apariciones muy deslumbrantes, donde mostró una vez más gran complemento con Miguel Brindisi. Su primer gol fue otro penal convertido y el segundo gol, pasada la media hora de partido, resultó una obra de arte bien maradoniana: habilitación de Trobbiani, sombrerito a Enrique Nieto y definición de caño a Munutti. El cuadro de Alta Córdoba, dirigido técnicamente por el Coco Basile, resultó un rival respondón que se repuso dos veces en el marcador y de contraataque pudo llevarse todo de La Bombonera.

2 DE MARZO DE 1986: RABONAZO

Metió un pase gol de rabona a Caffarelli para que convirtiera el segundo tanto de la victoria 3-1 ante Torino.

Partido duro y complicado contra la Torino del brasileño Junior. El gol de Pietro Mariani acalló las voces del San Paolo, pero, enseguida, un rebote involuntario en Ferri igualó las acciones. Un minuto después, el barro no importó, la lluvia se transformó en agua bendita, el viento frío del mar Tirreno fue una brisa hermosa porque Diego recogió un rebote dentro del área, levantó la cabeza, cruzó una pierna por detrás

de la otra y colocó el balón en la cabeza de Luigi Caffarelli para que pusiera arriba al Napoli. No bien iniciado el segundo tiempo, Bagni estiró la diferencia, pero nada en aquella desapacible tarde napolitana podía ya parecerse al truco de magia maradoniano del minuto 16.

2 DE MARZO DE 1988: EL MARADONA AUSTRÍACO

Dos golazos suyos de tiro libre no alcanzaron para evitar la eliminación del Napoli de la Copa Italia 87/88 ante Torino, que tuvo de su lado a un destructivo Anton Polster, autor del tanto decisivo para el 3-2 final.

Cuartos de final de la Copa Italia. Empate 1-1 con buen sabor como visitante de Torino. El Napoli veía muy diáfano el panorama rumbo a semifinales. Mucho más, cuando notaron que Diego le había pasado tiza a su taco del pie izquierdo, manejando muy bien la pelota parada. Sin embargo, un rival hizo lo imposible: jugar mejor que él. Fue el delantero austríaco Anton Polster, quien armó las jugadas para que sus compañeros Gritti y Comi igualaran un partido donde Maradona había ejecutado dos tiros libres perfectos, uno con rosca al ángulo superior y otro desde la medialuna al palo bajo izquierdo, hasta que él mismo definió todo cuando tocó a la red un centro desde la derecha.

3 DE MARZO DE 2010: GUTEN TRIUNFO

En la última prueba premundialista ante un rival grande, su selección argentina venció por 1-0 a Alemania en Múnich, con gol de Gonzalo Higuaín.

El impecable Allianz Arena de Múnich pareció ser demasiado marco para un partido tan aburrido, casi sin llegadas para contar. El planteo táctico de Maradona mostró muy buenas respuestas en la zona defensiva, pero careció de manejo e ideas para inquietar más, dado que las buenas sociedades entre Messi, Higuaín, Di María (la figura del partido) y Tevez rindieron de mayor a menor. El Pipita convirtió el único gol sobre el final del primer tiempo, cuando aprovechó un contra para hacer pasar de largo a Adler, afuera del área grande, y definir con algo de suspenso. En el complemento se destacaron más la movilidad de Jonás Gutiérrez, la ubicuidad de Mascherano y la solvencia de Sergio Romero.

4 DE MARZO DE1983: SUPERHÉROE

Paseando en yate junto a unos amigos, logró rescatar a dos náufragos cerca de la localidad de Costa Brava.

Sucedió cuando estaba convaleciente de una inoportuna hepatitis que lo había alejado de las canchas. Diego paseaba a bordo de la embarcación Puxi cuando divisó a otros navegantes en problemas. Entonces, se puso a su servicio y consiguió rescatar sanos y salvos a dos de ellos, que fueron derivados a un hospital local ya fuera de peligro.

5 DE MARZO DE 1995: PIOJO DE MI VIDA

Primer triunfo dirigiendo a Racing Club. Fue por la segunda fecha del Clausura ante Platense con gol agónico de Claudio López.

"Piojo, no les tirés centros a los aviones" o "Todos los goles valen uno, Piojito: hacé siempre la más fácil", eran los consejos de Diego en la semana. Y López le respondió cuando urgía ganar: clavó de zurda el 1-0 ante Platense sobre la media hora del segundo tiempo. Diego transformó su rostro en un grito feroz que superó cuando el árbitro, Carlos Mastrángelo, pitó el final que marcó su primer triunfo como entrenador de Racing, logrando cambiar murmullos reprobatorios de los hinchas académicos por un festejo alocado en las tribunas.

6 DE MARZO DE 2018: IMAGEN MUNDIAL

A 100 días del comienzo del Mundial de Rusia, se estrenó el video promocional de la FIFA donde tuvo activa participación.

Diego fue el único argentino que participó del cortometraje que consistió en 100 toques de pelota de diferentes estrellas de Copas del Mundo de todos los tiempos. Además, participaron David Trezeguet (Francia), Carles Puyol (España), el Pibe Valderrama (Colombia), Ronaldo (Brasil), Diego Forlán (Uruguay) y Wayne Rooney

(Inglaterra), entre otros, y finalizó con un pase de Gianni Infantino, presidente de la FIFA, a Vladímir Putin, presidente ruso.

7 DE MARZO DE 2017: CARA DE 10

Tras varios meses de trabajo, se inaugura su retrato gigante sobre la pared de un edificio napolitano.

San Giovanni a Teduccio es un distrito en Nápoles, donde, sobre la pared de un edificio, se diseñó el enorme retrato de Diego. El artista local Jorit Agoch, especialista en grafitis y reconocido como uno de los mejores del mundo en su rubro, fue quien llevó a cargo la obra que se realizó para celebrar el trigésimo aniversario del primer scudetto conseguido por el Napoli.

8 DE MARZO DE 1981: EL REY Y LA REINA

Presentó al legendario grupo Queen en el recital que brindó en el estadio de Vélez.

"Yo quiero agradecer a Freddie Mercury y a los Queen por hacernos tan felices. ¡Y ahora 'Otro muerde el polvo'"! La multitud coreó el "Maradooó, Maradooó" y estalló ante los primeros acordes de aquel hit. En la previa, los integrantes de la banda y Diego tuvieron un encuentro privado en camarines, donde se realizó la histórica foto en la que se ve Mercury vestido con la 10 argentina y a Pelusa con una bandera del Reino Unido hecha camiseta.

8 DE MARZO DE 1996: SHOW DE VIERNES A LA NOCHE

La multitud xeneize que desbordó el José Amalfitani disfrutó de una goleada 4-0 frente a Gimnasia de Jujuy por la primera fecha del Clausura.

A los tres minutos, una combinación con el Kily González por izquierda terminó con Pedro Arzubialde chocándolo sobre la línea de meta. Penal que sin dudar señaló el Sargento Giménez. Allí fue Diego, con ilusiones renovadas luego de una exigente pretemporada en la Patagonia, y la acarició con la parte interna de su bendita zurda.

Boca se ponía arriba en un partido donde fue contundente, brilló de a ratos, y el 10 se fue a dormir muy feliz.

9 DE MARZO DE 1982: ENSAYO EN CERO

El primer amistoso de cara al Mundial de España fue un deslucido 0-0 ante Checoslovaquia en Mar del Plata.

El trabajo en la Villa Marista había sido duro en la parte física: el profesor Pizzarotti se sacó las ganas con el plantel que entrenaba de lunes a viernes sin jugar partidos oficiales. La cita ante la selección de Europa del Este sería una buena prueba para sacar conclusiones, dado que también estaría presente en España. El resultado final fue tan opaco como el rendimiento de Maradona, que nunca encontró espacios para imponerse.

10 DE MARZO DE 1981: A BOXES

Luego de tres fechas de campeonato local y dos amistosos con Boca jugados al límite en lo físico, decidió parar por cuatro partidos para recuperarse.

Concretar el pase a Boca generó una catarata de tensiones que explotó con un tirón en el muslo derecho durante una de las últimas prácticas en Argentinos Juniors. Lo fue soportando con mucha kinesiología de Aldo Divinsky hasta que, al finalizar el partido amistoso contra San Lorenzo de Mar del Plata, se desplomó sobre la camilla. El dolor era muy agudo. "El domingo contra Huracán no juego", exclamó Maradona. Sin embargo, accedió al pedido de jugar en Parque Patricios y luego parar. Por suerte para Silvio Marzolini y Boca, el equipo enhebró cuatro victorias consecutivas durante su ausencia, que sirvieron para el fortalecimiento grupal. Su regreso fue a fin de mes ante Newell's (2-2) donde convirtió el empate mediante un tiro penal.

11 DE MARZO DE 1979: GOLEADOS, PERO FIGURA

Pese al 5-1 final de Argentinos contra Racing Club en La Paternal, logró una destacada labor según la opinión de todos los medios.

"Maradona mantuvo el partido parejo durante gran parte del encuentro, pero un solo hombre pocas veces puede contra un equipo, por más inmaduro que este sea". Así cerró José Luis Barrio su comentario sobre Argentinos 1-Racing 5 para El Gráfico. Su gol del empate había sido convertido sobre la media hora del segundo tiempo. Después todo fue el tsunami de goles racinguistas que firmaron un resultado con cifras y figuras extrañas, ya que el más destacado no fue ninguno de los goleadores sino la garra y firmeza del Vasco Olarticoechea.

12 DE MARZO DE 1983: REENCUENTRO

Luego de la hepatitis que lo sacó de las canchas durante tres meses, retornó en Barcelona-Betis, donde fue dirigido nuevamente por César Luis Menotti.

"Ni la vuelta de las genialidades de Maradona sacan adelante a este Barcelona", se lamentaban con bronca desde las páginas del diario catalán Mundo Deportivo. Así era el presente del cuadro que había cambiado a Udo Lattek por César Luis Menotti mientras Diego se recuperaba de una inoportuna hepatitis durante los primeros meses de 1983. Aquella noche de sábado fue el reencuentro con el DT que lo hizo debutar en la selección, pero ni las tres grandes apariciones de Maradona pudieron torcer la historia que terminó en empate y muchos reproches de la afición.

12 DE MARZO DE 1995: CUELLO CELESTE Y BLANCO

Dirigió su único clásico oficial de Avellaneda, donde fue expulsado por insultar al árbitro, Juan Bava. El partido fue muy malo e igualaron 0-0.

Del partido poco para contar: dos salvadas espectaculares de Ignacio González ante Usuriaga y Arzeno en un arco, y una tapada notable de Luis Islas a un cabezazo de Adrián De Vicente en el otro. Desde el banco, Diego tuvo reacciones que lo convirtieron en el protagonista más destacado de aquella versión del clásico de Avellaneda. Primero se colocó sobre el cuello una especie de pañuelo celeste y blanco, por encima del saco negro y de rayas finas blancas, que no se quitó en toda la tarde-noche. Luego, durante el segundo tiempo, arrojó una bolsita con agua al línea Norberto Páez: "Solamente le eché un poquito de agua al línea para avisarle una cosa". Obviamente, Juan Bava lo echó, y pasó caminando los 70 metros de ancho pegado a la popular roja, aferrado al dichoso pañuelo. Para cerrar la tarde, aportó su definición sobre el arbitraje: "En el momento que estábamos para liquidarlo, Bava nos inclinó la cancha así (moviendo la mano hacia abajo)".

13 DE MARZO DE 2008- CAMINO AL CIELO

Sepelio de su descubridor, Francis Cornejo, fallecido luego de luchar contra la leucemia.

Lo descubrió y apostó por Diego cuando los demás pensaban que era un niño todavía demasiado bajito para jugar al fútbol. Francisco Cornejo era empleado bancario y se dedicaba a reclutar chicos para las inferiores de Argentinos Juniors por los potreros del Gran Buenos Aires, así como también entrenador de Los Cebollitas. "Dicen que al menos una vez en la vida todos los hombres asisten a un milagro, pero que la mayoría no se da cuenta. Yo, sí. El mío ocurrió un sábado de diciembre de 1969, en el parque Saavedra, cuando un pibe bajito, que me dijo que tenía 8 años –y yo no le creí–, hizo maravillas con la pelota. Cosas que nunca le había visto hacer a nadie", recordaba Cornejo en todos los reportajes que le hacían.

14 DE MARZO DE 2017: LA NO MANO DE DIOS

En un partido recreativo contra jóvenes surcoreanos, intentó recrear su histórica "mano de Dios" en pleno juego.

Convocado para participar del sorteo del Mundial Sub-20 en Seúl, Diego se animó a intentar una acción similar a la histórica "mano de Dios". Esta vez tuvo un desenlace muy diferente: le erró al arco y, para colmo, se ganó la amarilla. Más allá de esta apostilla, se mostró muy divertido y festejó los goles con euforia para darle un interesante marco a este show dentro de una cancha de fútbol 5, en compañía de otros jugadores, como su compatriota Pablo Aimar, que fue seguido por una multitud de fanáticos locales.

15 DE MARZO DE 1989: TUTTI CUORE

Todo el Napoli empujó para lograr la clasificación a semifinales de la Copa UEFA, concretada con el 3-0 frente a la Juventus luego de perder el partido de ida 2-0.

El San Paolo contó aquella noche de copas algo más de 89.000 ingresantes. Clima volcánico dentro del estadio invadido por el humo de las bengalas. El equipo debía levantar el 2-0 acontecido en el Delle Alpi y el encargado de abrir la puerta a la hazaña fue Diego, cambiando un penal por gol a los 10 minutos. Presión alta magnífica de Alemão, entrega a domicilio de Andrea Carnevale, que definió fuerte abajo. La serie estaba igualada antes de terminar el primer tiempo. Segundo tiempo más alargue con el 10 tirado atrás de lanzador buscando el pase exacto para los delanteros. Los penales ya eran una realidad cuando un centro atrás de Careca le dio el papel de héroe a Alessandro Renica, que hizo mover hasta la lava dormida del Vesubio con su cabezazo a la red de Tacconi. Una serie fantástica que allanó el camino napolitano a su primera conquista internacional.

16 DE MARZO DE 1978: EL TERROR DE VILLA CRESPO

Tripleta ante Atlanta como visitante en la goleada 5-2 de Argentinos Juniors. El Gráfico no dudó en calificar su actuación con 10 puntos.

"La sobresaliente actuación de Diego Maradona se basó en su función de creador, en su inteligencia, astucia y picardía". Así resumía el periodista Daniel Garzón otra actuación todopoderosa del 10, que paseó como un fantasma imposible de capturar para todo Atlanta en aquella tarde de jueves. Manejó a placer cada contraataque de su equipo, logró que su compadre, Carlitos Fren, y su cuñado, Jorge López, participaran de su festival convirtiendo los otros dos tantos de los bichos colorados. En llegadas al arco, el conteo dio empate. En la contundencia, la presencia del Pelusa con sus tres goles inclinó la aguja para el lado visitante.

17 DE MARZO DE 1991: MARAZOLA Y ADIÓS

En su último partido oficial en el San Paolo, le puso el gol en la cabeza a su heredero con la casaca 10 del Napoli, Gianfranco Zola.

Aquel Napoli 1-Bari 0 pudo quedar en la historia por el circuito que establecieron Diego, que sacó de la galera un centro perfecto apretado contra la raya, y Zola, que terminó en el gol del triunfo local. Pero en los libros de historia la fecha quedó como el primer antidoping positivo del 10: "No voy a hablar de esto. ¿Qué querés que diga? Dijeron todo ellos... Me hicieron 25 controles, el último salió positivo. Mira, vos, qué casualidad". En su autobiografía, Yo soy el Diego, se explayó mucho más: "Ese doping era la venganza, la vendetta contra mí, porque la Argentina había eliminado a Italia, y ellos habían perdido muchos millones. La venganza estaba escrita, y al fin llegó. Yo le llamo el doping de Antonio Matarrese" .

18 DE MARZO DE 2006- VAMOS A LLENAR OBRAS TODOS JUNTOS

Vibrante 7-7 por la revancha del duelo ante los brasileños en Showbol, disputado en Obras Sanitarias.

"Nosotros sabíamos que si te quedás, te vacunan; por eso pusimos mucho huevo y fútbol para poder sacar un empate muy valioso", explicó tras finalizar el entretenido 7-7 ante los veteranos brasileños, al tiempo que agradecía a toda la gente que llenó el estadio para verlo junto a Sergio Goycochea, José Horacio Basualdo y Carlos Mac Allister más otros exjugadores, como Matías Almeyda y Fernando Gamboa. Diego resultó decisivo para alcanzar el empate luego de un trámite siempre desfavorable.

19 DE MARZO DE 1980: EMBOCADOS

Insólita derrota 2-1 ante el Boca de Rattín, con gol suyo para abrir el marcador.

Se cruzaban un Boca deshilachado que había sufrido tres goleadas catastróficas, lleno de problemas, y un Argentinos arrasador que había convertido 16 goles (siete de ellos del Pelusa) en los primeros seis

partidos. Por eso, La Bombonera no se asombró cuando, a los 38 del primer tiempo, Diego puso en ventaja a su equipo. Sin embargo, la expulsión de Silvano Espindola y la presión del Jugador número 12 levantaron a los futbolistas xeneizes que lograron controlar a un Maradona endiablado, fueron al frente y encontraron una victoria milagrosa con tantos de Coch y Toti Veglio.

20 DE MARZO DE 1979: RESERVÁ UNA PLEGARIA

En la edición 3102 de El Gráfico, se escribió el primer editorial exigiendo que Diego no fuera vendido por el bien de nuestro fútbol.

La tapa del semanario número uno de deportes de América en aquel momento mostraba una foto de Lole Reutemann a bordo de un Lotus, pero lo más fuerte de aquella edición fue un editorial sin firma, muy enfático: "Queremos que Maradona se quede en el país. No importa el color de camiseta, por el bien de nuestro fútbol y de la selección necesitamos que se quede". Fue el primero de los mensajes que la revista entregó desde su editorial, especialmente durante aquellos 1979 y 1980, cuando arremetió el Barcelona y su permanencia en el país se complicaba. La línea de Editorial Atlántida estaba clara y era compartida por la mayoría de los medios nacionales.

21 DE MARZO DE 1980: ALGUNAS NOCHES SOY FÁCIL

Apenas 48 horas después de la derrota de Argentinos en La Bombonera (ver efeméride del 19 de marzo), debió cumplir con el amistoso programado contra el Cosmos de Nueva York en Vélez.

En aquel tiempo, cualquier amistoso para recaudar era aceptado por la dirigencia de Argentinos. Mucho más, cuando el equipo no debía hacer traslados largos y ni qué hablar cuando el rival podía presentar jugadores de talla internacional como Beckenbauer, el italiano Chinaglia, el paraguayo Julio César Romero, "Romerito", y el brasileño Carlos Alberto. La lluvia torrencial de la noche de Liniers no logró conspirar para ver la calidad de tantos cracks y no impidió ver otro golazo de estirpe maradoniana: Román presionó a Beckenbauer, la soltó para Diego, quien en su carrera desarmó a Carlos Alberto y a Bruce Wilson, escapó al arquero Birkenmeier y definió al arco vacío.

El mejor estado físico de los visitantes se impuso en la segunda etapa, dando vuelta el resultado con doblete de Giorgio Chinaglia.

22 DE MARZO DE 1983: ES EL EQUIPO DEL NARIGÓN

Primera reunión con Carlos Salvador Bilardo en Barcelona (donde se produjo el encuentro entre Menotti y Bilardo antes que estallara su polémica eterna), en el que hablaron de los proyectos con la selección argentina.

"Bilardo vino a verme para conocer mi posición respecto al nuevo seleccionado y, por supuesto, le dije que estaba a su entera disposición. Lo noté con muchas ganas de trabajar, lo cual es muy bueno". Esas fueron las primeras impresiones públicas de Diego sobre el nuevo entrenador de la albiceleste, quien en aquella reunión le aseguró su titularidad y capitanía mientras durara su ciclo. "Si fuese necesario, jugaría gratis para la selección", concluyó el 10, mostrando gran entusiasmo por su futuro dentro del cuadro nacional.

23 DE MARZO DE 1977: NUEVE DE ORO

Primer partido como titular de la selección argentina ante un combinado de la ciudad de Chascomús.

Un equipo formado por Rogelio Poncini, ayudante de campo de Menotti, con jugadores que participarían de la clasificación para el primer mundial juvenil de la historia en Túnez. "Gran cantidad de público sirvió de marca anoche a la presentación del equipo juvenil de la AFA frente a un combinado local armado por Lejona sobre la base de los más destacados valores del último nocturno", contó el periódico El Argentino de la ciudad donde se disputó aquel amistoso que mostró a Sergio Luna, creativo de Vélez, como máxima figura, y a Diego, durante los 45 minutos que jugó, en excelente sociedad con Sergio Gurrieri.

23 DE MARZO DE 1994: EL JUGADOR NÚMERO 11

Acompañó a la selección que disputó un amistoso premundialista ante Brasil en Recife, sentado en el banco de suplentes con la camiseta número 11.

Partido a punto de iniciarse y la cámara mostró el banco de suplentes donde, entre Ruggeri, Hugo Pérez, Ortega, Gorosito, Craviotto, Borelli, Monserrat y Luis Alberto Islas, emergió una cara conocida con el dorsal 11. A pesar de saber que no podía jugar, Diego estaba presente en el estadio de Arruda de Recife junto al plantel luego de su salida de Newell's por el deseo de que sus hijas, Dalma y Giannina, lo vieran jugando un Mundial. El clásico se lo llevó Brasil con dos golazos de Bebeto.

24 DE MARZO DE 1991: CANCIÓN DE DESPEDIDA

Último partido oficial con la camiseta del Napoli en la derrota 4-1 ante Sampdoria con gol suyo de penal. En la semana posterior, la Federación Italiana de Fútbol lo suspendió por doping positivo.

El Napoli llegó muy golpeado a Génova, envuelto en todos los rumores. Hasta esa camiseta roja oscura desentonaba. Sampdoria estaba en un momento de gracia, camino al único scudetto de su historia. Antes de los primeros 20 minutos, Toninho Cerezo y Gianluca Vialli ya habían golpeado al rival sin reacción. Robbie Mancini pasaba como serpiente entre los sufridos napolitanos. El segundo tiempo no cambió nada. Vialli repitió de cabeza y el pelado Lombardo metió el cuarto. En el medio del aluvión, Blucerchiati se cobró un penal para el Napoli. Diego cumplió con su deber y la puso donde Pagliuca nunca pudo llegar. Al ratito le anularon otro de neta categoría maradoniana. Fue su último gol con la camiseta que llevó a la gloria más dulce de su historia.

25 DE MARZO DE 1990: EL SINISTRO MÁGICO

Doblete de golazos con su zurda contra la Juventus por la jornada 30 de la Serie A.

Vino desde atrás apretando las manos de todos sus compañeros antes de ingresar. Stefano Tacconi, arquero de la Juventus, ya imaginaba una tarde inspirada de su habitual verdugo. Diego siempre salía motivado cuando el rival era la Juventus, percibía en los tifosi ese deseo de voltear a los gigantes del norte. Su zurda recibía un rayo potenciador. A los 13 la dominó de derecha dentro del área y la puso de zurda junto al palo. A los 28 colocó un tiro libre perfecto al mismo lugar que el primero. El sinistro mágico siguió lastimando la defensa de la Vecchia Signora con centros y pases picantes hasta que Giovanni Francini convirtió el tercero. Cinco minutos antes de terminar, el técnico Bigón apagó el sinistro mágico para que entrara Mauro, y con los botines en mano se fue derecho al vestuario. “Este Napoli no es solo Maradona, tenemos muy buenos jugadores”, expresó caminando por el túnel.

26 DE MARZO DE 1983: LA DIFERENCIA SOY YO

Alto rendimiento y otro gol en el derbi contra Real Madrid que aseguró el triunfo 2-1 en el Camp Nou.

La diferencia entre los más grandes de España fue la presencia de Maradona. Y eso que Alfredo Di Stefáno le endosó a Bonet la marca casi personal. La noche del Camp Nou inició con malas noticias por el gol de Juanito para los merengues. Cuando el reloj mandaba al descanso, su astucia y oportunismo le permitieron festejar el empate gracias a un “rulazo” desde su cabeza que se metió junto al travesaño: “Mi gol ha sido clave en el desarrollo del partido. Estábamos jugando muy bien, pero el resultado era negativo”, contó en vestuarios. Sus compañeros sintieron el aventón y, siempre bajo su guía, lograron dar vuelta el resultado. Tras hacer estirar al guardameta merengue García Ramón con una media vuelta, sacó de la galera un centro con derecha para que Perico Alonso pusiera el 2-1 definitivo de un derbi donde la clave llevó su nombre y apellido.

27 DE MARZO DE 2017: PES-CADOS

Después de idas y vueltas judiciales, se transformó en la cara de PES hasta 2020.

Cuando la empresa japonesa de videojuegos Konami lanzó al mercado su versión con futbolistas emblemáticos de todos los tiempos, Diego explotó de furia por una cuestión de derechos de imagen, dado que aparecía en la nómina de leyendas del Barcelona de España. "Konami, a vos te digo: te vas a comer un juicio millonario, y toda la plata que te saque la voy a usar para hacer canchas de fútbol para los chicos pobres. Y ahí, sí, van a poder jugar a algo limpio". Sin embargo, avanzaron las negociaciones entre los abogados de ambas partes hasta llegar a un acuerdo con resarcimiento incluido.

28 DE MARZO DE 2009: CUARTETO DE NOS

En Argentina 4-Venezuela 0 por las eliminatorias para el Mundial de Sudáfrica, se produjo su debut en partidos oficiales como entrenador de la selección argentina.

Para su primera presentación oficial, Diego eligió a Juan Pablo Carrizo; Javier Zanetti, Marcos Angeleri, Gabriel Heinze; Maxi Rodríguez (Ángel Di María), Fernando Gago, Javier Mascherano, Jonás Gutiérrez; Lionel Messi, Sergio Agüero (Diego Milito) y Carlos Tevez (Juan S. Verón). Su equipo fue netamente superior a Venezuela, con actuaciones destacadas del tándem de ataque conformado por Messi, Agüero y Tevez. Maradona siguió el partido con tranquilidad y demostró amplia felicidad por la ovación de las tribunas.

29 DE MARZO DE 1986: VOS SOS CONTRA MÍO

En la preparación para el Mundial de México, se jugó un partido entre la selección y el Napoli, única vez que enfrentó al club italiano donde jugó siete temporadas.

El triunfo de Argentina 2-1 quedó para la anécdota. Mucha tela para cortar del lado de rendimientos donde varias intervenciones de Luis Islas sostuvieron la ventaja. También se analizó el mediocampo creativo con Maradona y Borghi de entrada, a los que se agregaron Gerardo Martino y Ricardo Bochini en la segunda parte. Por otro lado, causó sorpresa ver a Juan Barbas jugando para el Napoli (en ese momento era futbolista de Lecce) dado que el volante figuraba entre los posibles elegidos para el mundial y había formado parte del plantel que afrontó las eliminatorias. Los goles argentinos en el San Paolo los convirtieron Pasculli y Garré.

30 DE MARZO DE 2018: EN LA VEREDA DE ENFRENTE

Su sobrino nieto, Hernán López Muñoz, ya se destacó por su talento en las divisiones inferiores de River y hasta tuvo prácticas contra el equipo titular.

Hernán es el nieto de Ana, la hermana mayor de Diego, o sea, es el Maradona que juega en River. Y tiene los mismos sueños que su tío abuelo en aquel video donde hacía jueguito y desparramaba talento en Los Cebollitas de Argentinos. “Sueño con debutar en primera, jugar en la selección y ser campeón del mundo”, afirmó en la entrevista con Clarín el enganche de la quinta división que tiene las mejores valoraciones de todo el cuerpo técnico que maneja las inferiores riverplatenses.

31 DE MARZO DE 2014: LA PELOTA NO ME MANCHA

Desafió al campeón mundial de freestyle a una competencia de jueguitos.

El francés Wall Benlismane lo cruzó en una fiesta y no tuvo mejor idea que invitarlo a hacer jueguitos. Diego, vestido de elegante traje, demostró que su romance con la pelota será eterno porque hizo jueguitos como si él fuera el campeón de freestyle mientras Benlismane lo miraba sin poder creer lo que veía.

ABRIL

1 DE ABRIL DE 1979: MANO LARGA

Triunfo 1-0 de Argentinos sobre Newell's con polémico gol suyo por supuesta ayuda con la mano para acomodar la pelota.

El dolor del tirón que provocó la contractura fue evidente, por lo que llegó al partido contra los rosarinos entre algodones. Sin embargo, una vez más, cada participación suya fue decisiva en el trámite del juego. La única emoción de la tarde en La Paternal llegó a los 44 del primer tiempo, gracias a una inspiración del Pelusa que contó con la ayuda de la mano (según cuentan los que estuvieron presentes) para dibujar un golazo que, junto a las notables intervenciones del arquero Minutti, hicieron sumar dos puntos de oro para escalar a lo más alto de la tabla de posiciones.

1 DE ABRIL DE 2009: APUNADOS

Ruidosa derrota de su selección ante Bolivia por 6-1 en La Paz, que dio pie a un camino complicado para el resto de las eliminatorias.

Arrancar la efeméride remarcando que el arquero Juan Pablo Carrizo fue el mejor valor argentino aquella tarde resulta la mejor pintura de lo vivido en el Hernando Siles. El veterano Joaquín Botero se disfrazó de un Maradona boliviano para ajusticiar con tres tantos a un equipo albiceleste sin respuestas. "¿Qué le puedo decir al hincha

argentino? Que yo sufrí con ellos y que cada gol de Bolivia era un puñal en el corazón", sentenció Diego en la conferencia de prensa.

2 DE ABRIL DE 1982: CON EL CORAZÓN EN EL SUR

Admitió en charla con Víctor Hugo Morales que tanto él como sus compañeros siempre "pensábamos en las Malvinas" en la previa del histórico partido ante Inglaterra en México.

"El partido con Inglaterra nos marcó. Siempre pensábamos en Malvinas. Yo no mezclo la política con el deporte, pero quería dar más que en otros partidos. Para nosotros era especial", reconoció emocionado en el encuentro con el relator uruguayo en el canal de noticias C5N. "En ese momento estaba fresco, de las Malvinas a ese partido se vivió de otra manera. Yo tenía claro que era una lucha interna. El recuerdo de la guerra no tenía que hacernos desconcentrar", puntualizó.

3 DE ABRIL DE 1905: BOCA DE MI VIDA

Fundación del Club Atlético Boca Juniors, club al cual quedó ligado de por vida luego de su paso como jugador en 1981.

"Vale diez palos verdes, se llama Maradona y todas las gallinas le ch... bien las b..., y cuando va a la cancha, la 12 le agradece todo lo que Dieguito se merece", atronó fuerte en la hinchada de Boca durante muchos años. El feeling fue mutuo y lo fueron agrandando a medida que la carrera de Diego en sus clubes y muy especialmente la selección se fue glorificando. Cuando la mano cambió y el astro estuvo en problemas, siempre desde esa tribuna nació el apoyo más fuerte contra viento y marea. Maradona no tuvo una historia tan exitosa como otros ídolos xeneizes, pero la conexión de afecto entre ambos será por siempre.

3 DE ABRIL DE 1980: TALLARINES AL PESTO

Notable actuación y dos goles en la victoria de Argentinos 3-2 contra Talleres por el Metropolitano.

La vieja manta corta del fútbol afectó en aquella tarde de jueves a los Bichos Colorados. Mucho toque fluido, muchos desacoples atrás. ¿Quién inclinó la balanza? Obviamente que Diego, con dos golazos espectaculares, uno de tiro libre y otro mediante una acción espectacular que resolvió tras escapar al arquero Quiroga, sacando un chanfle perfecto. Ni siquiera una patada de karate de Berta en su espalda pudo detenerlo en su rato de inspiración en Villa Crespo.

4 DE ABRIL DE 1986: SOMOS UNA SELECCIÓN PERSEGUIDA

Luego de tres partidos amistosos de preparación para el Mundial de México, dejó una frase dedicada a los detractores.

"Hay mucha gente a la que nada le viene bien, somos una selección perseguida", contestó enojado ante la pregunta de Ernesto Cherquis Bialo en una nota profunda realizada en el aeropuerto de Zúrich para la revista El Gráfico, en clara dirección a muchos periodistas que criticaron el rendimiento albiceleste en aquellos partidos de preparación ante Francia, el Napoli y Grasshoppers. "No tengas ninguna duda, estamos más unidos que nunca, tenemos una solidaridad indestructible", afianzó la idea cuando se mostraba con la barba cubriéndole el rostro, símbolo del Diego enfurecido de entonces.

5 DE ABRIL DE 1981: VOLEA DE AVELLANEDA

Primer gol con la camiseta de Boca ante otro equipo grande. Fue triunfo 2-0 para afianzarse en la punta del Metro.

La doble visera de cemento se desbordó con más de 55.000 personas convocadas por el primer clásico que Diego jugaría para Boca. Muchas fotos antes del partido que hoy pueden verse en sitios especializados, con Bochini, Brailovsky, Brindisi, y muchas solo, con la multitud xeneize de fondo. Sobre los 40 del primer tiempo, Miguelito Brindisi levantó la cabeza y le puso un pase perfecto y, como relató Víctor Hugo Morales en su momento: "Qué bien se colocó, enfrentó, tiró, goool" ante un impotente Jorge Fossati. El partido lo cerró Oscar Ruggeri de palomita en el inicio de la segunda etapa. Triunfo fundamental para llegar entonados al superclásico de la fecha siguiente.

6 DE ABRIL DE 1986: COMO TURCO EN VICENTE LÓPEZ

Su hermano Hugo Hernán, más conocido como el Turco, convirtió su primer gol en primera.

Ya era conocido para el gran público por sus actuaciones en una selección sub-16 que había tenido gran repercusión un año antes, con gol a Brasil incluido en cancha de Vélez para ganar ese certamen. Si bien en el Mundial de China aquella selección tuvo un mal paso, estuvo siempre considerado por los entrenadores de la primera. Aquel soleado domingo 6 de abril, cuando recién iban diez minutos del primer tiempo, marcó el primer gol del triunfo 2-0 ante el Calamar. Luego de peregrinar por algunos equipos europeos, Hugo se afianzó en el fútbol japonés, donde desarrolló el mejor momento de su carrera.

7 DE ABRIL DE 1994: PAMPA MÍA

Inició un intenso trabajo físico de diez días junto a Fernando Signorini en un campo de la provincia de La Pampa como preparación para jugar el Mundial de Estados Unidos.

"¿Adónde me trajeron hijos de puta?". "De vuelta a Fiorito", le respondieron. Estancia El Marito, provincia de La Pampa, distante 60 kilómetros de Santa Rosa. Los mates de don Diego despertaron cada mañana a toda la troupe para el trabajo físico a lo Rocky Balboa. "Caminamos por el monte y el lugar cada vez me gustaba más, porque a Diego le había dicho que tenía que emerger desde el barro, como en Fiorito", contó Fernando Signorini al libro Esto (también) es fútbol. Las cámaras del programa Orsai a la medianoche, que Torneos y Competencias emitía por Canal 13, registraron cada movimiento y para el micrófono de Adrián Paenza, luego de una mortífera sesión en la cinta de correr, se quitó la musculosa, la estrujó y, al salir como chorro de agua la transpiración, miró a la cámara y largó: "Para todos los argentinos que quede claro que este es el sudor mío, de mi familia... esto lo hago porque estoy orgulloso de ser argentino y capitán de esta selección".

8 DE ABRIL DE 1979: PUNTEROS

Tras el triunfo ante Huracán 3-1, Argentinos quedó como único puntero de la zona A del Metropolitano. Fue la primera vez que el cuadro de La Paternal lideraba un campeonato local.

La superioridad de Argentinos fue de principio a fin. Cuando atacó en el primer tiempo, tuvo a Diego manejando la pelota parada y pivoteando las jugadas bien armadas, además de una perfecta compañía en Saggioratto. Cuando fue encerrado, tuvo espacio para contraatacar peligrosamente. Así se llevó el triunfo de Parque Patricios para consolidarse en el liderazgo de la zona A.

9 DE ABRIL DE 1979: DOS POTENCIAS SE SALUDAN

Promovido por el periodista Guillermo Blanco de El Gráfico, se produjo en Río de Janeiro su primera reunión privada con Pelé.

“La reunión se postergó muchas veces. Cuando Pelé podía, Diego no, y viceversa. Luego me enteré de que los lunes se los dedicaba a Claudia”, contó sorprendido el promotor del encuentro, Guillermo Blanco, al libro Esto (también) es fútbol. El rato compartido fue muy cordial y contó además con la presencia de don Diego y Jorge Cyterszpiler. Se desarrolló en un departamento frente a la playa de Copacabana, donde Edson Arantes do Nascimento manejó el cónclave con mucha simpleza. Como mensaje dejó unos cuantos consejos publicados por en la edición 3106 del 17 de abril: “No hagas caso a los que te dicen que sos el mejor. Debes pensar siempre lo contrario, porque el día que te sientas el mejor, dejarás de serlo”. “Acepta los aplausos, pero no vivas de los aplausos. A los tres partidos sin ganar, la hinchada dejará de quererte”. “Los dirigentes pasan cada dos o tres años. Vos tenés que pensar siempre en darle de comer a tu familia”.

10 DE ABRIL DE 1981: LA NOCHE INMORTAL

Golazo inolvidable a Fillol para sentenciar el 3-0 en su primer superclásico.

“Tengo una fe ciega, les vamos a ganar. No sé, últimamente noto al equipo mucho mejor, enchufado, nos vamos entendiendo”. Vaticinio

optimista de Diego para su primer Boca-River. La lluvia, colada en la fiesta de viernes a la noche en La Bombonera, hizo un terreno más ligero que fangoso. Su primer tiempo fue destacado, nunca se escondió y pretendió ser la manija de Boca. Sobre el primer cuarto de hora, Brindisi tiró un centro alto, la buscó y puso la mano como cinco años después haría en el Azteca. Esta vez, el árbitro, Ithurralde, lo vio y le mostró amarilla. Un rato más tarde, triangulación Mouzo, Benítez y Maradona, pelotazo largo del Chino, Diego lo cuerpeó a Passarella, que quedó desparramado y desde el suelo le pegó una patada de caliente cuando se iba camino al arco. Segunda etapa con chaparrón sostenido, el 10 se sacó sendos trancazos de Pavoni, J.J y Passarella como una flecha imparable, la abrió para Perotti, que se la devolvió, la pelota salió para donde estaba Brindisi, que definió alto con el arco vacío. Cinco minutos después, otro gol de Miguelito hasta que llegó su obra cumbre. Gran corrida de Córdoba, centro al área, "la paró con la punta del zapato izquierdo, cuando salió Fillol la enganchó y después pensó que a la derecha, que a la izquierda, que dónde la pongo", según la descripción mágica de Víctor Hugo Morales. Partidos que marcan a fuego trayectorias. Eso fue para Maradona aquel Boca 3-River 0.

11 DE ABRIL DE 1981: SE DICE DE MÍ

Pese a la inminencia del Gran Premio de Buenos Aires de Fórmula 1, donde participaba Carlos Reutemann, todas las tapas periodísticas fueron para Diego por su superlativa labor en el superclásico de la noche anterior.

"Boca es Gardel", tituló Crónica. Clarín puso al pie de tapa la foto de Diego definiendo su obra maestra, con el título simple "Boca goleó a River", y calificó al partido como "violento". El día después de entrar para siempre en el corazón del Mundo Boca, se supo que extendió la cena con sus padres en la Costanera, le regaló la camiseta del primer tiempo a su cuñado, el Indio, y reservó la del segundo para Mario Kempes, rival en la noche del barro. Y agregó para El Gráfico que el gol le recordó a uno marcado a Luraschi, arquero de Platense, en 1979.

12 DE ABRIL DE 1992: EL SHOW DEL FÚTBOL

En medio de la suspensión impuesta por la FIFA, comenzó a jugar partidos de fútbol 5 en el show televisivo Ritmo de la noche.

El ciclo conducido por Marcelo Tinelli lideraba cómodamente el rating de los domingos a la noche y para afianzar su dominio contrató al 10 como líder del equipo que integraban el staff del programa más algún "refuerzo" de categoría, que jugaba siempre con camiseta lila con vivos negros. Muchos domingos tenían más audiencia sus partidos que los resúmenes de Fútbol de Primera con el torneo argentino.

13 DE ABRIL DE 1983: PRUEBA SUPERADA

Clasificación a semifinales de la Copa del Rey firmando el pasaporte con un golazo suyo de tiro libre sobre el final del partido ante Athletic Bilbao, una bestia negra para el Barcelona de aquel tiempo.

Había que remontar el 0-1 de la ida en Bilbao. Al minuto de juego, tomó la pelota, se coló por derecha, la jugó atrás a Schuster, y el alemán habilitó a Carrasco para sacar ventaja rápidamente. Esto le permitió al cuadro culé igualar la serie y manejar el resto del partido con autoridad. Promediando el segundo tiempo, llegó el gol de Alonso que daba la clasificación y soltó mucho más al equipo blaugrana, que buscó muchas veces a Maradona hasta que con un tiro libre impecable firmó su presencia en la serie.

14 DE ABRIL DE 1990: SABOR A SCUDETTO

Gol de penal para sacar ventaja ante Bari y encaminar una victoria fundamental para obtener el segundo scudetto con el Napoli.

En el comienzo del partido, sus piernas recibieron la furia de los defensores del Bari, y el arquero visitante Giulio Drago sacó con las puntas de sus dedos un tiro de emboquillada fantástico. A los 27, Crippa fue derribado por el portieri, y Diego facturó suave de zurda. Sus compadres del tridente ofensivo napolitano, Andrea Carnevale, asistencia de chilena de Diego mediante, y Antonio Careca, cerraron el partido. "Estoy muy contento de que los tres hayamos marcado

después de tanto tiempo en un mismo partido", comentó un Maradona muy feliz ante las cámaras de la RAI.

15 DE ABRIL DE 1979: DIEZ PUNTOS

Actuación sobresaliente en la victoria 3-1 sobre River, donde señaló dos goles.

En la tarde del barrio de Caballito, hubo un tornado en forma de futbolista. Cada genialidad del 10 de Argentinos marcaba la diferencia con su rival, que debió apelar al juego brusco para frenarlo, o mejor dicho, intentar frenarlo. Aportó dos goles, uno al principio y otro al final para fijar el resultado. La multitud que completó la capacidad del estadio de Ferrocarril Oeste asistió a una de las mejores demostraciones de su carrera.

15 DE ABRIL DE 1984: ÚLTIMO GRITO CULÉ

Exhibición personal ante Salamanca, donde convirtió su último gol con la camiseta del Barcelona.

Destellos del catálogo maradoniano en la tarde del Camp Nou: gambetas, tacos, amagues, precisión en velocidad y un tiro libre perfecto que batió a Lozano, el arquero visitante que evitó la goleada. Fue un corto 2-0 que solo quedó en los libros de historia porque ese zurdazo con rosca fue el último grito de Diego en los blaugranas.

15 DE ABRIL DE 1992: PARA EL BÚFALO

Se encargó de organizar un partido a beneficio de la familia de Juan Gilberto Funes, futbolista fallecido meses antes. Como se encontraba en plena sanción, la FIFA amenazó con suspender a todos los que participaron.

Se consiguió el estadio de Vélez mediante la gestión de Oscar Ruggeri, y Diego avaló la propuesta con su presencia siempre convocante. Jugaron un equipo con 12 y otro con 11 jugadores, Calabria era el árbitro y no se dio cuenta; después sacaron a uno. Si el partido se jugaba como amistoso internacional, recaería una sanción de más de un año sobre todos los futbolistas, entonces, por ejemplo, los saques laterales se hacían con el pie. Pablo Funes, hermano del Búfalo, recordó con emoción aquella noche: "Me acuerdo de que casi no se invitó a nadie, parecía que no se podía hacer, pero Diego y Ruggeri dijeron: 'Vamos a hacer el partido para Juan', y los jugadores fueron todos. Era increíble la cantidad de suplentes, jugadores que viajaron para estar, gente de todos los clubes, muchachos que fueron aunque no estaban convocados".

16 DE ABRIL DE 1980: CON MORIA Y PORCEL

Debut cinematográfico en la película argentina Te rompo el rating, donde se personificaba a sí mismo en una escena.

Aquel día se estrenó en la pantalla grande la comedia escrita y dirigida por Hugo Sofovich donde una cadena de televisión infiltraba al peor de los suyos en la competencia, pero el efecto era totalmente contrario. Maradona aparecía gambeteando rivales en la cancha de Argentinos, vestido como jugador del Bicho, y cuando estaba por convertir un gol, era interceptado por el notero Jorge Porcel, quien lo entrevistaba durante varios minutos como si fueran amigos de toda la vida provocando que el arquero rival le sacara la pelota.

16 DE ABRIL DE 1995: CON LA BOCA LLENA

El 1-0 de Racing sobre Boca en La Bombonera, gracias al gol del juvenil Ricardo Galarza, fue el triunfo más importante de su ciclo como DT de la Academia.

No concurrió a La Bombonera con el plantel. Por eso, usando aquellos celulares "ladrillo", estableció el contacto con el vestuario visitante que desbordaba de felicidad: "Carlitos... soy yo...Te sacaste el gusto, yo sabía que podíamos ganar, pero no sabés como sufrí escuchándolo por radio. Estoy loco de contento y esto me da muchas fuerzas para seguir". La respuesta de su lugarteniente fue más desaforada: "Esto es para vos, Diego, para vos". Su Racing había logrado una victoria que rompió 20 años sin ganar en La Boca y terminó con el invicto del equipo de Marzolini en las primeras siete fechas del campeonato.

17 DE ABRIL DE 1979: CONSEJO ÚTIL

Un editorial de la revista Goles invitó a sus lectores a llevar a sus hijos a "ver al Diego".

"Usted que es de otros tiempos y vio a los más grandes jugadores. Usted que siente nostalgia por ellos y por un fútbol que fue mejor, lleve a su pibe a ver al Diego. Porque así como usted se prolonga en su hijo, esos grandes que le dan nostalgia se prologarán en el Pelusa porque así es la ley de la vida y de nuestro folklore". El editorial de Goles, decorado con fotos de su exhibición ante River Plate y planteando, como El Gráfico (ver efeméride del 20 de marzo), la necesidad de conservarlo en el fútbol local, se rindió ante el nivel superlativo de Maradona en cada partido.

18 DE ABRIL DE 1976: LLEGÓ JUAN CARLOS

Luego de los malos resultados cosechados por Ricardo Trigilli, la dirigencia de Argentinos Juniors contrató a Juan Carlos Montes, quien lo hizo debutar seis meses después.

El debut de Juan Carlos Montes fue con derrota, a tono con la campaña de Argentinos en ese Metropolitano. Su comienzo en el banco de La Paternal fue muy malo, con un empate y cinco derrotas, hasta que por fin apareció la victoria ante Temperley 40 días después. La pelea en la zona "descenso" resultó muy desgastante, pero el Bicho logró mantener la categoría: "Un delegado del club, al que le decían Tino, me insistía siempre que vaya a ver a un chico de la séptima división. Una vez salvados del descenso lo mandé a llamar. Hicimos una práctica de fútbol y fue una cosa maravillosa", rememoró Montes en el libro Esto (también) es fútbol, en 2012.

19 DE ABRIL DE 1989: LIFE IS LIFE

Clasificación a la final de la Copa UEFA con un global de 4-2 ante Bayern Munich. Años después, el video del calentamiento previo, donde Diego realizó todo tipo de malabares con la pelota, se expandió por todo el mundo.

En los 4 minutos con 15 segundos que dura la compilación, nadie puede quitar los ojos de la pantalla. La canción del grupo austríaco Opus, editada cinco años antes, se acomoda a cada movimiento. Palmas, movimientos físicos, piruetas y malabares con la pelota, realizados dentro del campo del Olímpico de Múnich, durante la previa de la semifinal de la Copa UEFA. El video fue subido a YouTube en noviembre de 2013 y superó largamente los dos millones y medio de visualizaciones. El partido terminó 2-2 con perlas de su socio brasileño, Antonio Careca. Maradona aportó circulación de pelota, fue tratado con rudeza por los alemanes y estuvo cerca de convertir un tiro libre que Raimond Aumann sacó casi de adentro. El Napoli, finalista de la Copa UEFA.

20 DE ABRIL DE 1994: PUNTO DE PARTIDA

Se integró oficialmente a la selección argentina, que trabajaba pensando en el Mundial de Estados Unidos. En su primer partido oficial del año, convirtió un gol para la victoria albiceleste 3-1 contra Marruecos.

Fue una de las noches más celebres para el fútbol salteño. La inauguración del estadio Padre Martearena recibía a la selección argentina con el regreso de Diego tras aquellos partidos del repechaje contra Australia. A los 13 minutos, puso el pase para el gol de Balbo. Recién comenzado el complemento, luego de una falta sobre Perico Pérez dentro del área, todo el estadio coreó el clásico "Maradooó" para que ejecutara ese penal que cambió por gol. Puño apretado, sonrisa ancha, el 10 se sentía parte de la selección otra vez.

21 DE ABRIL DE 1977: EL REY LLORÓ

Tras caer contra Perú, la selección juvenil quedó sin chances de clasificar para el Mundial Juvenil de Túnez.

El técnico Marcos Calderón le había advertido a Duilio Poggi: "Si Maradona va al baño, usted lo sigue al baño". "Yo era la primera marca, el que lo movía, luego seguía Sato que lo ajustaba más y ya el que lo tiraba al suelo era Poggi, que lo partía feo pero sin maldad", reveló César Adriazola al diario El Bocón. "Usted Poggi me lo tiene

que dejar listo para enviarlo a la tribuna, le había dicho Marcos y Poggi obedecía", agregó . "A Maradona ya lo habíamos visto jugar un día antes, ya sabíamos quién era. Nosotros fuimos a entrenar al estadio, y él solito estaba metiéndole siete a un equipo de aficionados; ya se veía que era un gran jugador, un crack", contó Abel Lobatón. En el calor de Valencia, Venezuela, la selección incaica supo doblegar a los albicelestes y dejarlos fuera de la primera Copa del Mundo para juveniles. Una tarde en la que Diego lloró.

22 DE ABRIL DE 1984: TIJERETA

Notable pase de tijera para el gol de Carrasco en el 5-2 ante Espanyol, donde fue expulsado por un golpe involuntario.

El derbi catalán fue todo blaugrana de principio a fin. Un intratable Marcos Alonso rubricó un póker de goles, mientras que Diego se destacó por un pase sensacional al Lobo Carrasco. Recibió de espaldas al arco, la levantó haciendo jueguito hasta que cruzó la volea para que su compañero la empujara a la red. Sin embargo, aquella tarde terminó mal para Diego cuando el árbitro, Pes Pérez, juzgó intencional un golpe en la rodilla de Miguel Ángel y le mostró la roja.

22 DE ABRIL DE 1990: SCUDETTO A LA BOLOÑESA

Convirtió el segundo gol del furioso arranque de partido en el Renato Dall'Ara con tres goles napolitanos antes del cuarto de hora, que, más una impensada victoria del Verona sobre el Milan, dejaron al equipo a un paso del segundo scudetto de su historia.

Decenas de miles de tifosi cubrieron los 573 kilómetros desde Bolonia hasta Nápoles soñando despiertos. El 4-2 de su equipo y la derrota del Milan era demasiado ideal para ser cierto. Aún repasaban el pecho y golazo de Careca para abrir el marcador. El saque rápido de lateral para que Maradona corriera en paralelo al arco y sacara un zurdazo en diagonal que se clavó abajo para el segundo. La pared entre Careca y Corradini, devolución genial de taco del brasileño y definición del italiano fue el tercer grito. El partido se cerró cuando el 10, saliendo del círculo central, puso un pase clamoroso al pique vacío de Alemão y con un gol de Verona del argentino Víctor Hugo Sotomayor, que abrió aún más las puertas a la consagración.

22 DE ABRIL DE 1997: ÚLTIMA FIRMA

Firmó su último contrato profesional, que lo ligaba a Boca hasta fines de aquel año.

"Espero que esta vuelta sea la definitiva, la mejor y la última", comentó jocoso en la conferencia de prensa. Toda la gestión la había realizado el veterano dirigente xeneize Luis Conde. "Diego, sabés como yo te respeto y te aprecio. Por tu bien, tenés que jugar en Boca. Si es lo que vos querés. Lo de la camiseta se puede arreglar, lo de los entrenamientos también. ¡Falta que vos te decidas, hombre...! Imaginate cómo va a estallar la Bombonera cuando se anuncie tu retorno...", casi fue un ruego del directivo en el hogar de la familia Maradona en Villa Devoto. "Hay que agradecer este momento a Conde, a Guillermo [Coppola], que hicieron todo lo posible para llegar a un arreglo". "Cuando veo salir a Boca con otro capitán, me agarra siempre la nostalgia", remarcó, y dejó una broma para el final: "Quiero salir campeón con Boca y jugar el Mundial, jajaja".

23 DE ABRIL DE 1982: EL ORDEN DE LOS FACTORES ALTERA EL PRODUCTO

La confirmación de la lista mundialista por parte de César Luis Menotti abrió otro punto de conflicto: el dorsal número 10 en su camiseta.

Una vez definidos los 22 apellidos que jugarían en España, el entrenador, continuando la costumbre del Mundial 78, enumeró la lista por orden alfabético. La camiseta 10 correspondería a Patricio Hernández. Casualmente, ambos compartían la habitación durante la concentración de Villajoyosa previa al Mundial. La relación entre ambos era excelente hasta que el tema se puso arriba de la mesa. Según cuenta el mismo Hernández en el libro Esto (también) es fútbol (2012), primero fue Jorge Cyterszpiler quien encaró directamente al entonces volante de la Torino de Italia, pero la respuesta fue escueta y contundente: "No tengo nada que hablar con vos". Entonces, una

noche, Diego tomó la posta: "Patri, sabés que para mí la 10 representa muchas cosas...". Patricio lo interrumpió y le dijo: "Es tuya, quédate tranquilo". Y el Pelusa durmió feliz.

24 DE ABRIL DE 2018: ESTAR CERCA ES MUY BUENO

Al Fujairah, derrotó 3-2 al conjunto de Al Hamriya y clasificó para la final del ascenso de Emiratos Árabes Unidos.

El equipo perdía 2-1 y la garra maradoniana empujó a Al Fujairah a buscar la hazaña que consiguió mediante dos apariciones estelares del cordobés Danilo Carando que dieron vuelta el resultado y pusieron a Diego en la antesala de su primer logro como entrenador, algo que se frustró días después, cuando un insólito error de su arquero echó por tierra toda la ilusión.

25 DE ABRIL DE 1979: EL TRAVIESO

Algunos destellos de su clase lo colocan como gran figura del amistoso entre la Argentina y Bulgaria en Buenos Aires.

Llenó de dibujos y travesuras futbolísticas el pasto del Monumental durante toda la noche. Un tiro de zurda al palo, una escapada con pie cambiado por izquierda que resolvió milagrosamente el arquero visitante, más otras jugadas que levantaron a la multitud, otorgaron una calificación máxima en los medios al día siguiente. Diego ya era hombre de selección mayor y lo consolidó en la posterior gira europea durante mayo y junio.

26 DE ABRIL DE 1987: EL EMPEINE DE ORO

Golazo sobre el final del primer tiempo para el triunfo fundamental 2-1 ante Milan, que encaminó al Napoli al primer scudetto.

Los tifosi en la previa invocaban su nombre para superar un partido decisivo en la carrera por el primer título napolitano de la historia. Y como cada partido de pronóstico reservado, Diego fue protagonista. Para dibujar amagues y fintas ante el férreo cerco que armó Fabio Capello con el inglés Wilkins y Filippo Galli. Para asociarse con Bruno

Giordano y buscar espacios para el goleador Carnevale, quien a los 33 cabeceó al gol. Para dominar la pelota dos veces con el empeine izquierdo, escapar a Nuciari y definir con el arco vacío. Para resistir cuidando la pelota en el segundo tiempo: "Nadie creía en el Napoli esta semana, y demostramos que estamos para ser campeones", declaró Maradona a la RAI entre festejos.

27 DE ABRIL DE 1986: EL OPTIMISTA DEL GOL

Cerró la temporada 85-86 como goleador del Napoli con 11 tantos.

La temporada previa a recibirse de D10s en el Mundial de México, lo tuvo en una versión más completa: a sus clásicos pases gol les agregó contundencia y máximo aprovechamiento de las pelotas quietas que lo llevó a la cima de los romperredes de su equipo. Su gol de "tiro libre imposible" ante la Juventus fue, sin duda, el más recordado de un torneo donde el Napoli finalizó tercero y clasificó para la Copa UEFA.

28 DE ABRIL DE 2006: QUE PESADELO!

Se estrenó en la televisión brasileña el aviso de la bebida Guaraná donde apareció formado junto a otros cracks de ese país cantando el himno nacional.

Los espectadores se levantan de sus asientos. La melodía del Himno Nacional del Brasil empieza a sonar y los primeros planos de Ronaldo, Kaká y Maradona entonan su letra. La cámara, incrédula como la totalidad de los televidentes, se vuelve hacia el 10, quien, de repente, se despierta en su cama vestido con la musculosa argentina, exaltado, y exclama: "Caramba! Que pesadelo! Creo que estou bebendo mucho Guaraná Antarctica!" . El aviso fue un suceso tanto en Brasil como en la Argentina.

29 DE ABRIL DE 1990: MI MANERA DE SER FELIZ

Segundo scudetto con el Napoli luego de vencer 1-0 a Lazio. El delirio se apoderó de toda la ciudad y canonizó por siempre a Maradona como el nuevo "San Gennaro".

Despertó y cumplió con el rito de afeitarse mientras la canción "A cualquier precio", de Valeria Lynch, inundaba la habitación. Un beso a las fotos de Dalma y Giannina y a la cancha. En el camino, la romería napolitana rodeó el autobús hasta llegar al San Paolo. El partido era solo el último escalón a la gloria. Sobre los siete minutos, su centro perfecto fue cabeceado por Marco Baroni para concretar rápido ese gol necesario. Otro milagro de San Gennaro Maradona visualizado en la hermosa ciudad del más lindo golfo, otro motivo para que los humildes del sur se sentaran en la mesa de los grandes sin pedir permiso. Convirtió 16 goles, fue clave en los momentos más complicados. Otra vez campeón, otra vez escribiendo la mejor historia.

30 DE ABRIL DE 1980: A TODO COLOR

Triunfo del seleccionado argentino 1-0 ante el combinado de la liga irlandesa en el Monumental, con gol suyo. Quedó en la historia por ser el primer partido de fútbol televisado en colores en nuestro país.

El gol de Diego, a los 12 minutos del primer tiempo, fue el único en la noche del Monumental dentro de un partido muy light ante ese combinado de Éire (hoy República de Irlanda) que luego prosiguió su gira jugando algunos partidos más en el interior. Sin embargo, lo más destacado de aquella jornada fue su televisación, 24 horas después, que sirvió de inauguración oficial en estas tierras del sistema de TV en colores por la emisora estatal Argentina Televisora Color (ATC).

MAYO

1 DE MAYO DE 1986: MY GOOD FRIEND TOTTENHAM

Jugó con la camiseta de Tottenham un amistoso contra Inter en homenaje a Osvaldo Ardiles.

Diego viajó hasta White Hart Lane y jugó el encuentro ante el Inter de Milán en un estadio repleto que lo miraba incrédulo vistiendo la camiseta 10 del club de sus amores, cedida gentilmente por Glenn Hoddle, la estrella de los Spurs en aquel momento. El Tottenham venció 2-1. Maradona disputó los 90 minutos mientras que Ardiles disputó solo unos minutos, por una lesión de rodilla. Al finalizar, agradeció el trato recibido: "Me he sentido como en casa. Quería ganar hoy junto a los que luchan por su camiseta cada domingo". En 2017, se puso otra vez la casaca blanca, fue ovacionado en Wembley en la previa del partido ante Liverpool, y luego se animó a darle consejos de cómo optimizar su cabezazo al goleador Harry Kane.

1 DE MAYO DE 1996: MARADONA PROPIEDADES

En una subasta realizada por el entonces presidente xeneize, Mauricio Macri, adquirió su mítico palco en La Bombonera.

Aquella tarde en la Bombonera, Macri buscaba los mejores postores para rematar los palcos recién terminados. Diego eligió el suyo en mitad de cancha y se convirtió en su lugar de aliento cuando se retiró

de la actividad. En 2017 declaró: "El palco de la Bombonera ya no es mío, es de Benja. Él está más definido que yo".

2 DE MAYO DE 2017: UNA PELÍCULA ITALIANA

Estreno de la película Maradonapoli, del director italiano Alessio Maria Federici.

Son los propios aficionados, desde las personas mayores hasta los más jóvenes, quienes cuentan lo que representa Maradona para ellos, las emociones que sintieron desde su firma por el Napoli en 1984 y la huella que su trayectoria dejó en el fútbol italiano. "Para nosotros, ha sido el único demonio que nos llevó al paraíso", afirma un hombre napolitano.

3 DE MAYO DE 1980: ENCUENTRO CULÉ

Firmó un precontrato con Barcelona para ser jugador blaugrana desde julio de aquel año a cambio de 6 millones de dólares. Sin embargo, la AFA trabó el pase declarándolo intransferible hasta el 31 de diciembre de aquel año.

La noticia causó conmoción en ambos países. En España, porque la nueva joya del fútbol mundial jugaría en su Liga: "Dieguito llegará el 20 de julio y será presentado en la Copa Joan Gamper", se frotaba las manos el diario Mundo Deportivo. En el Camp Nou, recién llegados de Buenos Aires tras finiquitar la operación, el presidente, José Luis Núñez, y el vice, Joan Gaspart, eran cálidamente felicitados por la afición que presenció el partido ante Rayo Vallecano. En la Argentina, el sentimiento de resignación se potenciaba con la advertencia de Julio Grondona: "Si el jugador y el club acuden a la justicia para obligar a la AFA a dar el pase internacional, naturalmente que tendré que aceptarlo. Nuestras disposiciones se rigen por factores deportivos que no son los del trabajo ni los que establece la legislación nacional". El tira y afloje recién comenzaba.

3 DE MAYO DE 1989: TRIUNFO FINAL

Con un gol suyo de penal, Napoli venció 2-1 a Stuttgart en la primera final de la Copa UEFA.

Maurizio Gaudino había silenciado temprano al San Paolo con un disparo seco y fuerte a la salida de un tiro libre indirecto que se le coló al arquero napolitano Giuliani. El Napoli buscó la paridad con desorden y desde ese alboroto encontró un penal en una mano de Schäffer que Diego cambió por gol a los 23 minutos del segundo tiempo. Sobre el final, una pared con Andrea Carnevale dentro del área, centro de la muerte para que su compadre Careca la empujara al arco. El objetivo de ir con ventaja a Alemania estaba logrado.

4 DE MAYO DE 1980: SACANDO A PASEAR AL PATO

Notable triunfo 2-0 de Argentinos Juniors ante River en el Monumental con doblete suyo y gran actuación individual.

Ni siquiera concentró porque estuvo todo el sábado reunido con la gente del Barcelona. River Plate, bicampeón del año anterior, lo esperaba para hacerle sentir el deseo de tenerlo durante 1981, pero a él no le importó. A los 18 minutos, apiló jugadores locales a placer hasta que Pavoni le cometió penal. Eligió el poste derecho, pero su remate fue rechazado por el Pato Fillol. La revancha le llegaría a Diego una hora más tarde, cuando de tiro libre abrió el marcador y, un rato después, cuando rompió líneas, encaró a Fillol, lo gambeteó dos veces y definió con el arco vacío. Un fin de semana más que agitado había tenido un final feliz.

4 DE MAYO DE 1986: QUÉ BONITO ES ISRAEL

Cierre de la gira europea previa al Mundial con dos goles suyos para el 7-2 sobre Israel en Ramat Gan.

Toque fantástico de zurda por debajo de la salida del arquero. Amague y otro pase a la red con la parte interna de su pie izquierdo. Dos golazos con su sello para contribuir a la goleada que retempló los ánimos de una selección muy criticada luego de la impensada derrota

ante Noruega cuatro días antes. Se iniciaba la recta final a la Copa del Mundo.

5 DE MAYO DE 1984: LA DEBACLE TOTAL

Batalla campal en la final de la Copa del Rey, donde participó activamente de la pelea a golpes y puntapiés contra los futbolistas de Athletic de Bilbao.

Athletic Bilbao festejó su doblete de Liga y Copa después de 36 años, pero no era la noticia. Minutos antes, en ese mismo terreno, las 100.000 personas que abarrotaron el Santiago Bernabéu habían presenciado una feroz lucha entre los protagonistas. ¿Quién la inició? Nunca quedó claro, pero el partido ya presagiaba algo así. Maradona fue rodeado por Núñez, Sola, Chandal y Goicoechea. Intercambiaron todo tipo de golpes. El saldo fue una patada durísima de Goicoechea sobre el 10, Sola retirado con conmoción cerebral y Núñez con tres puntos de sutura. "No me importará volver a Bilbao las veces que haga falta", repitió Diego al salir del vestuario donde la policía debió intervenir nuevamente cuando fue insultado junto a Schuster por fanáticos vascos. Aquel suceso fue la puerta de salida del Barcelona.

5 DE MAYO DE 1995: PORTAZO ACADÉMICO

El empate 0-0 contra Gimnasia de Jujuy fue el último partido como DT de Racing.

El arreglo entre Diego, la dirigencia de Racing y América TV estaba claro de antemano: su historia en la Academia estaba atada a que Juan Destéfano continuase como presidente del club luego del acto eleccionario que se iba a celebrar en mayo de aquel 1995. La masa societaria eligió el cambio mediante la fórmula que compartían Osvaldo Otero y Daniel Lalín, por lo que sepultó aquellos proyectos de dirigir hasta que se terminara la sanción de la FIFA para luego ponerse la camiseta blanquiceleste como jugador profesional. Su saldo al frente del equipo arrojó dos triunfos, cinco empates y cinco caídas.

6 DE MAYO DE 1980: CANDADO PUESTO

La AFA mantuvo firme su postura de no autorizar su venta inmediata al Barcelona y truncó la transferencia que se había concretado tres días antes.

La reunión en el edificio de la calle Viamonte fue larga y desgastante para todos los protagonistas. Argentinos solicitó por nota que la AFA accediera a convalidar el pase como excepción. No hubo caso. La decisión, que había sido firmada en conformidad por todos los clubes, se mantuvo firme. Desde Barcelona se habló de que el almirante Carlos Lacoste, con los fondos aportados por la empresaria del cemento, Amalia Lacroze de Fortabat, financiaría la llegada de Maradona a River, al tiempo que el mandamás culé, José Luis Núñez, seguía afirmando que el pase no corría riesgo y explicaba ante sus pares la rentabilidad que produciría en el club el arribo del astro. El precontrato firmado tres días antes ya era un papel sin valor.

6 DE MAYO DE 1994: SANTA MARADONA

Se edita el disco del grupo Mano Negra Casa Babylon, cuya pista 5 fue el hit “Santa Maradona (Larchuma Football Club)”.

El cantante y compositor Manu Chao expresó su admiración a Maradona mediante una letra íntegramente en francés y un videoclip repleto de imágenes futboleras que fue usado hasta el hartazgo por programas televisivos como cortina para hablar de temas relacionados con el deporte rey. La canción fue escrita en una estancia del músico francés en Nápoles, una de las capitales mundiales del maradonismo. En 2007, también le dedicaría “La vida es una tómbola” en su álbum La Radiolina, eternizando el “Si yo fuera Maradona, viviría como él”.

7 DE MAYO DE 2017: EL PRIMER ACOMPAÑANTE

Aquejado por problemas depresivos, se suicidó su primer representante, Jorge Cyterszpiler.

Diego forjó la relación con Jorge cuando era jugador de Los Cebollitas. Una vez debutado en primera y cuando comenzó su ascenso meteórico, le solicitó ser su representante. Mientras uno la

rompía dentro del campo, el otro se encargaba de tejer todo el aspecto comercial, para lo que fundaron la empresa Maradona Producciones. A partir de octubre de 1985, Guillermo Coppola tomó su representación y la relación entre ellos nunca se reflotó.

8 DE MAYO DE 1989: ESCAPE A LA BOCA

En un reportaje publicado en el suplemento "Sportivo Sur" del matutino capitalino Sur, confesó que deseaba marcharse del Napoli y regresar de inmediato a Boca Juniors.

"No aguanto más, acá no tengo nada que hacer. Son demasiados problemas... Así que ayer le dije al presidente que me voy. Ahora tenemos que ver lo del contrato, pero me voy". Jorge Búsico, periodista del diario Sur de Buenos Aires, estaba en Italia cubriendo el abierto de tenis de Roma, había viajado a Nápoles a entrevistarlo y recibía la primicia de labios del mismísimo Diego. "Decile a ese rubiecito (por Marangoni) que se vaya sacando la cinta de capitán que llego yo". Los medios argentinos explotaron y la mitad más uno se ilusionó con un posible regreso que finalmente no se concretó.

9 DE MAYO DE 1985: ACÁ ESTOY, NARIGÓN

Jugó su primer partido en el ciclo de Carlos Salvador Bilardo al frente de la selección argentina. Fue empate 1-1 ante Paraguay en Buenos Aires.

"Yo viajo a la Argentina, pase lo que pase, el domingo 5 de mayo, después del partido contra la Juve. Ni siquiera el presidente Pertini podrá impedirme que viaje, porque él no puede parar los aviones que salen desde Roma...". Diego imponía condiciones para estar presente en la preparación rumbo a las eliminatorias. La Federación Italiana amenazaba con sanciones. Entonces, se diseñó un plan donde jugaría entresemana para la selección y los fines de semana para el Napoli. Así completó tres viajes ida y vuelta entre Italia y la Argentina cada siete días. Con gol suyo de penal, el amistoso contra la albirroja terminó 1-1, partido que marcó su vuelta a la selección luego de casi tres años y el primero bajo la dirección técnica de Bilardo. El otro cotejo jugado entre aquellos viajes fue un triunfo 2-0 sobre Chile, donde señaló otro tanto. Sus actos de amor con la selección siempre estuvieron por encima de todo.

9 DE MAYO DE 1999: ROCKEROS BONITOS Y EDUCADITOS

Se grabó la versión en vivo del tema "Maradó" durante el recital del grupo argentino Los Piojos en el estadio Obras.

"Quiero decirles que estoy muy feliz. Agradezco a Los Piojos por la canción y todo el cariño que me dan porque todos necesitamos cariño", dijo emocionado ante la ovación de la multitud, tras la introducción del Himno Nacional Argentino que había sonado desde la armónica del líder de la banda, Andrés Ciro Martínez. Antes de largar la canción originaria del disco 3er Tercer Arco, de 1996, Maradona le obsequió en mano al cantante, con quien horas antes había compartido su palco en la Bombonera observando el Boca 2-River 1 del Clausura, los últimos botines que usó.

10 DE MAYO DE 1981: CANALLADA

Convirtió de penal el gol del triunfo agónico frente a Rosario Central en la Bombonera por la fecha 16 del Metropolitano.

Cuando empezó el segundo tiempo, puso un pase de rabona exquisito para el Puma Morete, quien se fue solo contra el arco de Central, pero falló el gol de manera increíble. Sobre el final, recibió un lateral, encaró hacia el centro, quebró la cintura ante Gaitán, quien lo derribó sobre la línea del área grande. Penal protestado por los visitantes. Se paró delante del experimentado guardameta, Daniel Carnevali, y colocó de zurda el remate por encima de la estirada del arquero. Triunfo fundamental de aquel equipo campeón.

10 DE MAYO DE 1987: EL CAMPEÓN DEL PUEBLO

Protagonista excluyente del primer scudetto ganado por el Napoli en toda su historia. El empate 1-1 ante la Fiorentina desató la locura en toda la ciudad.

El San Paolo se sacudió para todos lados cuando Pierluigi Pairetto pitó el final. Cada napolitano sintió tocar el cielo con las manos. Diego, como buen capitán, encabezó los festejos, tanto en el césped como en el vestuario, donde cantó junto a sus compañeros su himno napolitano, "Ho visto Maradona", y tomó un micrófono para entrevistar uno por uno a todos los integrantes del plantel, hasta encontrarse con su familia, junto a la cual se observó el festejo más sanguíneo. "Haber conseguido el primer scudetto para el Napoli en sesenta años fue, para mí, una victoria incomparable. Distinta a cualquier otra, incluso al título del mundo con el seleccionado", escribió en su autobiografía Yo soy el Diego. En ese campeonato de 30 fechas, Napoli se consagró con 42 puntos, tres más que la Juventus de Platini y Laudrup. El equipo ganó 15 partidos, empató 12 y perdió solo tres juegos. Consiguió 41 goles y le marcaron 21. "Para los napolitanos, yo era el capitán del barco, yo era la bandera. Podían tocar a cualquiera, pero a mí no... Es que... es muy simple... cuando nosotros le empezamos a armar el equipo, llegaron los resultados: venía el Inter, lo goleábamos, venía el Milan, le ganábamos. A todos les ganábamos. Los pobres del Sur nos llevamos un pedazo de la torta que antes se comían los ricos del Norte. ¡Y el pedazo más grande!", agrega en su libro

11 DE MAYO DE 1992: SACÁ DEL MEDIO

En un amistoso a beneficio jugado en el estadio de Guaraní Antonio Franco, en Posadas, convirtió un gol sacando desde el círculo central.

El partido enfrentó a los equipos denominados Liga del Interior y Selección de Posadas. La presencia de Maradona, quien estaba en la parte final de la sanción de la FIFA por doping en el Napoli, respondía a una propuesta hecha por el gobierno de Misiones para ayudar a la cooperadora del Pabellón de Niños del hospital Madariaga, donde Diego concurrió a visitar a los niños enfermos. Un gol de penal, otro de tiro libre, y en el tercero la levantó y sacudió de zurda desde la raya central al arco, donde se clavó arriba junto al travesaño, haciendo estallar a la multitud que fue a verlo pese a jugarse un lunes a la tarde.

12 DE MAYO DE 1985: GOLES DESDE EL AVIÓN

Luego de haber jugado el miércoles en Buenos Aires para la selección, volvió a Italia para jugar para el Napoli contra Udinese donde convirtió dos goles.

Tras cruzar el océano Atlántico dos veces en la misma semana, el calendario del Napoli marcaba un duelo muy complicado contra el Udinese, que estaba en pelea por no descender. Diego combinó en Roma un vuelo a Trieste y luego continuó por carretera 70 kilómetros hasta Udine. Después de alargar el sueño lo máximo posible, saltó al campo del Stadio Friuli, donde marcó un doblete para enterrar las amenazas de suspensión de la Federación Italiana y las suspicacias del periodismo de aquel país. Luego del partido, realizó el mismo periplo hacia Buenos Aires para estar a disposición de la selección 24 horas después.

13 DE MAYO DE 1980: LONDON CALLING

Una brillante jugada personal para la selección ante Inglaterra en Wembley pasó por al lado del palo.

El día que Diego cumplió con su sueño de jugar en el estadio que más le gustaba quedó grabado para siempre por un gol que no fue. Promediando el primer tiempo, cuando Inglaterra y la Argentina igualaban 0-0, tomó un rebote de espaldas, giró, dejó desairado a Thompson, se filtró entre tres ingleses (Coppel le tiró un guadañazo al aire ya dentro del área), y cuando salía el arquero Clemens, la tocó por el costado con la puntita del pie zurdo. La pelota salió besando el poste, acompañado del "ohhhhh" de asombro de la multitud local. Inglaterra finalmente venció 3-1 a la Argentina, y al reencontrarse con su hermano Hugo, repasaron la jugada y este le señaló: "Tendrías que haber escapado al arquero". Consejo que usó seis años más tarde en el Azteca ante el mismo rival y por los puntos.

14 DE MAYO DE 1984: UN DELIRIO AZUL Y ORO

Luego de conocerse su sanción por el escándalo de la final de la Copa del Rey, el presidente de Boca, Domingo Corigliano, anunció que su club haría gestiones para comprar su ficha.

Se lo denominó "Operativo Maradona otra vez en Boca", según las palabras del mandamás xeneize. La idea fue aprovechar el desencanto de la cúpula del Barcelona tras la batalla campal entre Diego y varios futbolistas del Athletic de Bilbao para realizar una oferta apoyada por inversores entre los que se encontrarían entidades crediticias locales y la mismísima Maradona Producciones. Finalmente, la relación entre el 10 y la dirigencia blaugrana se rompió en malos términos, pero el anhelo de Boca jamás tomó cuerpo y aquel 1984 terminaría con el club de la ribera inmerso en la peor crisis financiera de su historia.

15 DE MAYO DE 1977: DUELO DE CINTURAS

Por la decimotercera fecha del Metropolitano 1977, se cruzó por única vez en un partido con Ángel Clemente Rojas, ídolo futbolístico de su familia. Lanús y Argentinos empataron 1-1.

"Jugamos en contra; él estaba comenzando en Argentinos, y yo prácticamente me estaba retirando en Lanús", recordó Rojitas una vez en Clarín. Diego convirtió el gol del Bicho aquella tarde de saludos afectuosos. "La satisfacción más grande que tuve fue que Maradona diga que yo fui su ídolo, su papá lo mismo, en su casa me dijo que iba a la cancha a verme a mí", añadió.

15 DE MAYO DE 1986: UN AMISTOSO JUNIOR

El 0-0 ante Junior en Barranquilla fue el último partido de preparación previo al mundial de México.

De aquella noche colombiana se recuerda la camiseta celeste de mangas blancas sin marca que jamás volvió a verse en una selección argentina, la gran tarea del arquero uruguayo Carlos Goyén y la famosa reunión entre todo el plantel para "lavar los trapos sucios adentro". Pese a la intención de la AFA y el cuerpo técnico de jugar dos partidos más, los jugadores exigieron volver a la concentración del América y jugar ante equipos juveniles de las propias Águilas, Atlante y Neza.

15 DE MAYO DE 1988: CAPOCANNIONIERE

Pese a la tristeza de haber perdido el scudetto ante Milan, se consagró como goleador de la temporada con 15 tantos.

En aquella Serie A 1987-1988, convirtió goles en 14 de los 28 partidos que jugó. El primero recién llegó en la fecha 5 ante Pescara y convirtió un solo doblete ante Empoli, el 1 de noviembre. El último fue un espectacular tiro libre al ángulo para el empate parcial del decisivo 3-2 en el San Paolo cuando el equipo rossonero le arrebató la punta.

16 DE MAYO DE 1995: MI SOBRINO, EL VERDUGO

Luego de su paso como entrenador de Racing Club, regresó a la Bombonera, donde observó la victoria 3-2 de Argentinos Juniors sobre Boca, en la que su sobrino, Sergio López, convirtió el primer gol del partido para el Bicho.

Recién empezaba el juego cuando Sergio López encaró a la defensa xeneize y sacó un admirable tiro de emboquillada desde la medialuna del área de Casa Amarilla, sorprendiendo al Mono Navarro Montoya. Su tío, Diego Maradona, como el resto del público boquense presente en el estadio, miró asombrado. Justo aquella noche en la que había vuelto a La Boca para iniciar el operativo retorno luego de 14 años. Sergio López Maradona, hijo de su hermana Ana y su compañero en La Paternal, Jorge López, era “el Dani” para toda la familia. Jugó 77 partidos con la camiseta de Argentinos, luego pasó a Gimnasia de Jujuy, donde tuvo 18 apariciones entre 1996 y 1997, prosiguió su carrera en Venezuela y la terminó en clubes de ascenso.

17 DE MAYO DE 1989: GLORIA

Se consagró campeón de la Copa UEFA tras el global 5-4 ante Stuttgart.

La conexión brasileña entre Careca y Alemão estiró la ventaja conseguida en la ida, pero ante un rival alemán nunca hay que dormirse. Por eso, Diego necesitó frotar dos veces la lámpara de genio para liquidar la final. Primero, con una habilitación exquisita de cabeza para que su amigo Ciro Ferrara convirtiera el 2-1. Luego, comandando una contra, el freno justo para desairar al defensor y la pelota al pie de Careca para que el delantero definiera con clase sobre la salida de Eike Immel. Stuttgart llegó al empate sobre el final, pero no le alcanzó. La era dorada del Napoli tenía su trofeo internacional en la vitrina, los miles de tifosi que coparon el Neckarstadion celebraron hasta el éxtasis y Maradona seguía escribiendo sus inigualables páginas de gloria con la casaca celeste.

18 DE MAYO DE 1994: MI DEDO MEÑIQUE

La negativa del gobierno japonés de otorgarle su visa de ingreso provocó que la selección no participara de la Copa Kirin y debiera cambiar toda la planificación respecto de su preparación para la Copa del Mundo.

Resultaron infructuosas las gestiones de la AFA con la Federación Japonesa y las realizadas por la cancillería argentina. Incluso al nivel de las relaciones diplomáticas, la negativa de otorgarle la visa de ingreso a Japón generó tensiones. Finalmente, el plantel comandado por Alfio Basile decidió "en solidaridad" con Diego desistir de su participación en la tradicional Copa Kirin. Por eso, se improvisaron dos amistosos en Sudamérica antes de partir: el primero fue un vibrante 3-3 en el estadio Nacional de Santiago ante Chile, donde jugó 87 minutos, destacándose un pase de "dedo chiquito" para el gol de Balbo, y a la semana siguiente, una derrota 1-0 ante Ecuador en Quito, donde completó la totalidad del juego.

19 DE MAYO DE 1978: NO LLORES ESTA NOCHE

César Luis Menotti decidió dejarlo afuera de la lista del Mundial que se disputaría en nuestro país.

El frío del incipiente invierno se sentía mucho más en ese punto del Gran Buenos Aires. Debajo de un árbol, un pibe enrulado de 17 años lloraba desconsoladamente tras escuchar el anuncio de César Luis Menotti: "Quedan afuera de la lista Bottaniz, Bravo y Maradona". Según el relato del periodista Carlos Ares en el número 3059 de El Gráfico, lo único que salía de la boca de Diego era "¿Cómo le digo a mi papá?". Del lado del cuerpo técnico, se reveló que la superpoblación de volantes creativos, como Julio Villa, Norberto Alonso y José Daniel Valencia, fue la causa, y de acuerdo con lo que publicaron diferentes medios de la época, la duda que más lo carcomía al entrenador era la presencia de Humberto Rafael Bravo. Días después, el 10 rompió el silencio: "El señor Menotti creyó que yo era el cuarto 10 y me tuve que ir. Yo respeto su posición porque él es el técnico, pero eso no quiere decir que la comparta. Cuando me comunicaron que quedaba desafectado, me dolió muchísimo. ¿Explicaciones? No, no me las dieron de ningún tipo. Tampoco las precisaba. Valencia es el mejor 10 y debe jugar, sin desmerecer a Alonso ni a Villa. Pero es el que tiene más visión de conjunto".

20 DE MAYO DE 2010: MIS SOLDADOS

Oficializó la lista de 23 jugadores que representaron a su selección argentina en el Mundial de Sudáfrica.

Arqueros: Romero, Andújar y Pozo. Defensores: Otamendi, Burdisso, Samuel, Heinze, Demichelis, Clemente Rodríguez y Garcé. Volantes: Jonás Gutiérrez, Verón, Mascherano, Maximiliano Rodríguez, Pastore, Di María y Bolatti. Delanteros: Messi, Higuaín, Tevez, Agüero, Diego Milito y Palermo. Estos fueron los apellidos elegidos por Maradona en su único mundial como entrenador hasta el momento. Sorprendieron las convocatorias de Garcé, Palermo y Pozo, así como también las ausencias de Javier Zanetti y Esteban Cambiasso, campeones de Europa con el Inter de Milán.

21 DE MAYO DE 1978: BORRÓN Y CUENTA NUEVA

Tras la decepción por quedar afuera del mundial, se reintegró al plantel de Argentinos, donde convirtió un doblete y dio dos asistencias en el 5-0 ante Chacarita Juniors.

El trabajo exclusivo con la selección le había quitado muchos partidos con la camiseta de Argentinos. Luego del viernes negro de la desafectación, por la decimoquinta fecha del Metropolitano en La Paternal, se jugaba por última vez antes del receso mundialista. Maradona quería una revancha y la tuvo: su equipo ganó 5-0, metió dos goles y le hicieron un penal que convirtió su cuñado Jorge López. Hace poco tiempo se descubrió, mediante la investigación del historiador del Bicho, Javier Roimiser, que aquella tarde se le había contabilizado un gol más al 10 que en realidad había convertido Rubén Favret.

21 DE MAYO DE 1980- MOZART

Tripleta ante Austria cuando Argentina lo goleó 5-1 en un amistoso.

La gira europea de la selección hizo escala en Viena, donde el estadio Prater estuvo colmado para ver en acción a Maradona. Y el 10 respondió tamaña expectativa con un rendimiento superlativo. Ya a los tres minutos puso una pelota perfecta de "tomá y hacelo" para que Cucurucho Santamaría definiera al gol. Instantes después, Leopoldo Luque dibujó una hermosa emboquillada. El unipersonal de Diego ante los 67.500 austríacos comenzó sobre el cuarto de hora inicial y terminó sobre el pitazo final: una pared lujosa con Valencia lo dejó mano a mano con el arquero Koncilia, perdió el equilibrio, pero desde el suelo la empujó a la red. Salió el contragolpe con el Ropero Díaz, quien le puso la pelota para que le ganara en velocidad a un defensor dentro del área y definiera con la punta de su zurda y, por último, hubo una maravillosa jugada repleta de habilidad de Carlos Ischia, que tiró el centro para que solo la tuviera que tocar. Una sinfonía maradoniana en la tierra de Mozart.

21 DE MAYO DE 1983: CLINK CAJA

Convirtió el gol decisivo ante la Real Sociedad, que otorgó la clasificación a la final de la Copa del Rey.

Faltaban 12 minutos y el pasaporte a la final de la Copa del Rey estaba en el bolsillo de Barcelona. Real Sociedad, con un hombre menos, se venía empujado por todos los vascos presentes en Atocha.

Hasta que Víctor la puso larga para Carrasco, quien puso el centro para Maradona, que, con un inteligente cambio de piernas, sometió a Arconada por tercera vez en cuatro partidos y selló el boleto definitivamente. Otra vez, los blaugranas marcaban diferencias en partidos cerrados con la magia de su número 10.

22 DE MAYO DE 1979: EUROPA JOVEN

Por primera vez jugó con la selección argentina en canchas europeas. Fue empate 0-0 y triunfo por penales ante Holanda en Berna, Suiza.

El estadio Wankdorf de la capital suiza fue el primero que albergó un partido de Diego en el continente europeo. El motivo fue reeditar la final entre ambos jugada un año antes en Buenos Aires. El tiempo reglamentario finalizó sin abrir el marcador y se necesitó lanzar diez penales por equipo para decidir el ganador: el campeón vigente venció por 8-7. Faltando 13 minutos para el final, el árbitro, el uruguayo Barreto, no sancionó un claro penal de Neeskens sobre el 10. En la definición por penales, convirtió el suyo.

22 DE MAYO DE 1990: DOS EN LA CANCHA

Con gol suyo, la selección argentina derrotó a Israel 2-1 en el amistoso previo al mundial de Italia.

Muy bonita pared con Burruchaga y toque suave sobre la salida del arquero para que la multitud de argentinos presentes en el estadio Ramat Gan de Tel Aviv le rindiera pleitesía. Él respondió con un grito fuerte y puño apretado hacia arriba. Enseguida empató Tal Banin para los locales, y sobre la mitad del segundo tiempo su socio, Claudio Caniggia, merced a un soberbio cabezazo dentro del área chica, puso un poco de paz a una semana complicada dentro del seleccionado por la desafectación del plantel de Jorge Valdano.

23 DE MAYO DE 1993: PISOTEADO

Real Madrid humilló 5-0 a su Sevilla y complicó severamente las aspiraciones del equipo de Bilardo para clasificar para una copa europea.

Los 105.000 espectadores fueron a agitar los pañuelos si Maradona regalaba algún pase de magia, pero volvieron a sus casas maravillados con su goleador, Iván Zamorano, que metió tres antes del descanso de un partido sin equivalencias. Diego pasó desapercibido, anulado por el mediocampo local con poco estado físico para semejante rival, sus compañeros tampoco mostraron ninguna reacción y el resultado final fue muy elocuente. El objetivo europeo del equipo andaluz se esfumaba.

24 DE MAYO DE 2010: BUENA SUERTE Y HASTA LUEGO

Su selección se despidió del público argentino con una goleada 5-0 ante Canadá.

Como toda despedida previa a un mundial, se eligió un rival de escaso rigor competitivo para que todo fuera una fiesta. Además, por aquellos días, la Argentina estaba en plena celebración por el bicentenario de la patria y aquel partido sirvió para adosarlo al listado de festejos. El estadio Monumental, repleto de público, celebró con los dos goles de Maximiliano Rodríguez, uno de Ángel Di María, uno de Carlos Tevez y otro de Agüero, tomó en sorna la citación de Garcé con la bandera "Garcé, trae alfajores", no pudo ver en acción a Messi afectado por una gripe y estalló en aliento con la arenga final de Diego mientras el plantel hacía el saludo final.

25 DE MAYO DE 1940: MI BOMBONERA

Se inauguró la Bombonera, estadio emblemático del mundo donde quedó su figura identificada para siempre.

Tenía 16 años cuando la Bombonera ingresó en su corazón. Aquel debut con la selección, el 27 de febrero de 1977, también coincidió con que fue su primer partido allí. Luego pasaron emociones fuertes en 1981, donde marcó a fuego su vínculo con el dueño de esa casa. Muchas visitas como mejor jugador del mundo, plaquetas, reconocimientos, ovaciones. Fue la cancha que más lo bancó en sus malos momentos. Allí eligió hacer su partido homenaje y aquella tarde tuvo una definición de placa: "La Bombonera es un templo del fútbol mundial donde vi a muchos caudillos cagarse". Unos meses después, hizo montar una carpa para que su hija Dalma celebrara sus 15 años. Diego y la Bombonera siempre estarán unidos.

25 DE MAYO DE 2000: ADMIRACIÓN ALEMANA

Participó activamente del partido homenaje a Lothar Matthäus realizado en el Olímpico de Múnich.

Sorprendió a todos cuando ingresó vestido de jugador del Bayern Múnich por delante de todo el plantel. El público pasó de la sorpresa a la admiración cuando hizo unos trucos con la pelota que desataron los aplausos de la multitud. Diego estaba muy feliz aquella noche, fue el segundo gran protagonista detrás del homenajeado y superó la promesa de jugar solo 20 minutos, aguantando hasta el final del primer tiempo.

26 DE MAYO DE 1985: PUNTAPIÉ INICIAL

Doblete en el comienzo de las eliminatorias para el Mundial de México con un 3-2 sobre Venezuela como visitante.

La noticia no fueron sus dos tantos para que la selección sumara dos puntos valiosos, sino que un fanático, en la puerta del alojamiento argentino en San Cristóbal, le aplicó un puntapié en la rodilla, por lo cual tuvo riesgo de operación durante el resto del año. Pero su compromiso estaba a full con la selección y afrontó completos los seis partidos de las eliminatorias. Un gol de tiro libre y otro de cabeza aseguraron la victoria ante la Vinotinto.

27 DE MAYO DE 1986: TAPA HISTÓRICA

Compartió la tapa de El Gráfico junto a Daniel Passarella, vestidos de jugadores y con el clásico sombrero mexicano, en medio de una fuerte ola de rumores sobre su relación dentro del grupo.

La foto quedó eternizada como muchas de las que vendrían en aquel inolvidable mundial. Sin embargo, las sonrisas solo estaban para la cámara. En el epígrafe de tapa, se decía de ellos que eran los abanderados de la esperanza, pero nunca compartirían ni un minuto

del equipo campeón mundial. En varias reuniones previas, se había roto la convivencia entre ellos con duras discusiones por diferentes temas. Daniel nunca aceptó que la cinta de capitán fuese de Diego y luego cayó en cama con el mal de Moctezuma, que lo debilitó físicamente. Pese a todo, ninguno de los dos se opuso a la realización de la sesión fotográfica.

27 DE MAYO DE 1987: HACIENDO LO QUE HAY QUE HACER

Después de algunas dudas respecto a su presencia, fue decisivo en la victoria 1-0 por la ida de las semifinales de la Copa Italia contra Cagliari.

El día anterior, brindó gratis una sesión de malabares con la pelota en pleno césped para el público sardo que se pudo meter en las gradas. Al día siguiente, evaporó los interrogantes planteados por la prensa italiana sobre un distanciamiento con el entrenador, Ottavio Bianchi, gracias a una actuación sobresaliente que enmudeció a los hinchas locales y, faltando trece minutos, metió el único gol del partido para allanar el camino a la final de la Copa Italia. En la revancha jugada en el San Paolo, el Napoli aplastó 4-1 al Cagliari para lograr una clasificación muy tranquila.

28 DE MAYO DE 2008: KUSTURICA QUERIDO

Estreno mundial del documental Maradona by Kusturica.

El relato del documental pasa por la calificación de mejor jugador del mundo entre diferentes personajes del fútbol en general. El director lo sigue con la cámara en sus distintas facetas: como héroe deportivo, dios del fútbol, genio del balón, campeón del pueblo, ídolo caído y modelo a seguir. De Buenos Aires a Nápoles, pasando por Cuba, todo teñido con una clara admiración de parte del director hacia el protagonista.

29 DE MAYO DE 1983: CAMBIO DE DESTINO

La FIFA quitó la sede de la Copa del Mundo 1986 a Colombia y se la otorgó a México, lugar donde Diego concretaría sus más grandes gestas mundialistas.

Tras finalizar el Mundial de 1974, el recientemente asumido presidente de la FIFA, João Havelange, adjudicó la cita mundialista de 12 años después a Colombia. El hecho provocó una enorme corriente positiva en el país y comenzó la planificación porque el máximo organismo del fútbol mundial exigía la construcción de seis estadios con diferentes capacidades y una red de conexión de transportes imposibles para ese país debido a su relieve. Los años pasaron; en España 82 se anunció el "Nos vemos en Colombia 86". Meses más tarde, comenzaron las vacilaciones hasta que el mismísimo presidente colombiano anunció a todo el país: "Aquí en el país tenemos muchas cosas que hacer y no hay tiempo para atender las extravagancias de la FIFA y sus socios". La FIFA abrió el concurso nuevamente y México terminó siendo elegido por unanimidad, sin rivales fuertes en la pelea por la sede.

30 DE MAYO DE 2017: HABLAN LAS PAREDES

Se empapelan con sus fotos históricas las paredes de sitios emblemáticos de Nápoles, rememorando los 30 años del primer scudetto del equipo.

El Quartieri Spagnoli, uno de los barrios más tradicionales de la ciudad, fue adornado por San Spiga, artista rionegrino que prosiguió su homenaje al trigésimo aniversario de la Copa del Mundo lograda por la selección argentina en México, para recrear la gesta de la temporada 1986-1987. El 10 no solo aparece vestido de jugador del Napoli, sino que hay también dibujos con otras camisetas que vistió a lo largo de su carrera. Pasados los días, numerosos fanáticos se llevaron como suvenires muchos de los murales.

31 DE MAYO DE 1986: MÉXICO LINDO Y QUERIDO

Ceremonia inaugural de la Copa Mundial de la FIFA en el estadio Azteca. Se iniciaban los 29 días mágicos de su carrera. El empate 1-1 entre Italia y Bulgaria fue un muy buen resultado para la selección.

Danzas, desfiles y todo lo que aquellas inauguraciones largas llevaban consigo. La del Mundial de México fue austera porque, ocho meses antes, un terremoto que alcanzó la magnitud 8,1 en el Distrito Federal llegó a poner en duda la sede ganada dos años antes. El Azteca se vistió de fiesta para dar inicio a la competencia deportiva más recordada por toda una generación de argentinos y que marcó a fuego el nombre de Diego Armando Maradona en la selección argentina.

JUNIO

1 DE JUNIO DE 2018: SIMPLY THE BEST

La revista inglesa FourFourTwo lo eligió como el mejor jugador de la historia de los mundiales.

"Pelé ganó más copas del mundo (tres) que Maradona (una), pero nunca arrastró, dribleó y llevó a un equipo hasta la gloria como lo hizo el pequeño argentino en 1986", escribió FourFourTwo como explicación al ranking realizado entre 25 futbolistas que hicieron historia en las copas del mundo. "El Che Guevara vivió y murió por sus creencias guerrilleras, polarizando su opinión a medida que avanzaba. Diego Maradona hizo lo mismo, solo que con los pies. Y, de vez en cuando, con sus manos", agregaron desde la prestigiosa publicación británica.

2 DE JUNIO DE 1979: FLORES DE ESCOCIA

Convirtió su primer gol para la selección argentina en la victoria 3-1 ante Escocia.

El viejo Hampden Park de Glasgow fue el testigo de su primer grito albiceleste. El Pulpo Luque había señalado un doblete para darle tranquilidad a un triunfo claro. Pero los 61.918 presentes estaban embelesados con ese petiso del dorsal número 10, que ya había regado el césped de fantasía pura. Sobre los 25 del segundo tiempo, un pase en cortada hacia la derecha lo encontró habilitado, encaró al

arquero Wood, amagó y tocó a la red. Golazo 1 de 34 con la selección nacional.

2 DE JUNIO DE 1986: LA CARNICERÍA

Debut argentino en la Copa del Mundo de México. Pese a recibir golpes arteros durante los primeros minutos, participó de los tres goles para la victoria argentina 3-1 ante Corea del Sur.

Patada al tobillo del 16, Kim Joo-Sung, cuando venía pelota al pie a los dos minutos. "Empeinazo" del número 17, Huh Jung-Moo, en la tibia, imagen inmortalizada entre las mejores fotos del mundial, con el gesto rabioso del coreano y el rostro de Diego desfigurado por el dolor. Resistió como siempre; hasta se vio a Carlos Tapia calentando para ingresar. De a poco, fue imponiendo su juego por las puntas donde siguió siendo maltratado, aunque el árbitro español, Sánchez Arminio, se dignó a sacar algunas amarillas. En medio de la cacería asiática, participó de los tres goles. Tiro libre a la barrera, frentazo hacia donde estaba Jorge Valdano, que metió el primero. Centro perfecto para el cabezazo de Oscar Ruggeri, el segundo. Gambeta y centro de derecha para el tercero, que convirtió también Valdano. Así comenzó su camino a la cima mundial.

3 DE JUNIO DE 1984: ESA ES TU RESPONSABILIDAD, NUEVA YORK

Jugó su último partido con la camiseta del Barcelona en Nueva York ante Fluminense por la Copa Transatlántica.

"Mi deseo sigue siendo irme a Italia", reiteró antes del partido contra los cariocas. Sin embargo, aquella noche estuvo a la altura de los 40.000 espectadores que fueron a verlo al East Rutherford de Nueva York, a los cuales deleitó con sendos pases gol a Estrella y al Mágico González. Luego del empate 2-2, el tercer puesto del torneo amistoso se definió en los penales, donde Diego también marcó. Aquella noche neoyorquina fue su última vez con la casaca blaugrana, en medio de un clima irreversible con la dirigencia y disfrutando de paseos por la Quinta Avenida sin ser reconocido por el ciudadano norteamericano común, como se observó en el compilado de imágenes "Ho visto Maradona".

4 DE JUNIO DE 1982: FIRMA Y SELLO

Arribó a Barcelona para firmar su contrato con la entidad blaugrana.

"¡Díganles que les quiero mucho! No creía que era tan importante. Por mucho y bien que juegue, será muy poco para pagar todo esto", alcanzó a balbucear Diego en su primer contacto con la fanaticada culé que lo recibió en el aeropuerto. "Marcar un gol aquí debe ser una sensación inolvidable", confesó al pisar el césped del Camp Nou listo para la Copa del Mundo que se avecinaba. Después de años esperando, de negociaciones en Buenos Aires, de intervenciones de la AFA para trabar la transferencia, el astro ya era jugador del Barcelona.

4 DE JUNIO DE 1983: ¡QUE VIVA EL REY!

Descollante actuación en la final de la Copa del Rey conseguida ante el Real Madrid en Zaragoza.

Una fantástica corrida eludiendo a Camacho y soportando un trancazo fue la carta de presentación de aquella noche. Los defensores merengues usaron toda su vehemencia para frenarlo, pero nunca reculó. Pasada la media hora de juego, recibió un pelotazo largo de Schuster y aguantó muy bien por derecha para servirle el gol a Marcos. Con el Madrid en llamas, sacó a pasear a Camacho otra vez, se lo llevó contra la línea y, cuando le metió el taco para pasar, lo emparedó. Un rato después, Esteban la abrió para la derecha y volvieron a encontrarse. Diego le tiró el amague, pasó, y el volante de la selección española lo levantó por el aire. El pasajero de su pesadilla en el segundo tiempo fue Bonet, que lo sufrió sin usar el juego brusco de su compañero. Cuando el partido se terminaba, Marcos de cabeza le dio la Copa de Su Majestad el Rey al Barcelona, primer título culé de Maradona.

5 DE JUNIO DE 1986: TOQUE INVISIBLE

Hermoso gol para empatarle a Italia en el segundo partido de la Copa del Mundo de México.

"Referí botón, tomatelá", protestó poseído de bronca por el penal que el árbitro holandés, Jan Keizer, le dio a Italia y que Alessandro Altobelli cambió por gol. Sin decaer, el equipo impuso el ritmo, dominó el trámite y empezó a arrimarse a Giovanni Galli. A los 33, llegó la justicia al estadio Cuauhtémoc de Puebla. Giusti trasladó hasta Valdano, el muchacho de Las Parejas la levantó para Maradona, que superó el cierre de Scirea y, con una sutileza perfecta, tocó de zurda para que la pelota hipnotizada se metiera lenta al lado del palo izquierdo. "Cuando venía la pelota en el aire, pensé que Scirea la iba a cortar de una, dudó y en ese segundo que giró yo le pegué y salí festejando", declaró feliz en vestuarios. Empate valioso para afirmarse en la punta del grupo.

6 DE JUNIO DE 2009: LA CATA ALEGRÍA

Con gol de Daniel "Cata" Díaz en el inicio del segundo tiempo, su selección logró tres puntos fundamentales para seguir en puestos de clasificación para el Mundial de Sudáfrica, al vencer 1-0 a Colombia en Buenos Aires.

Tras el 6-1 de La Paz, todo el panorama se había ensombrecido. El Diego celestial de su carrera como jugador no salvaba al terrenal como DT. Por eso, aquella doble jornada de eliminatorias ante Colombia y en la altura de Quito exigía al menos una victoria. Dentro de un trámite adverso, con un equipo anudado que no generaba peligro y recibía los embates de la selección cafetera. El público presente en el Monumental en aquella noche de sábado temía lo peor, hasta que el catamarqueño puso su cabeza y todos respiraron. Cuatro días después, la derrota ante Ecuador en la altura de Quito devolvió las dudas.

7 DE JUNIO DE 1990: SEÑOR EMBAJADOR

El día anterior al debut en la Copa del Mundo de Italia, recibió de manos del presidente Menem el pasaporte de Embajador Deportivo de la República Argentina.

Estrenó el honorífico cargo que le otorgó el presidente argentino y se convirtió en embajador deportivo de la nación para presentar el XI Campeonato Mundial de Básquetbol que se desarrollaría en nuestro país entre el 8 y el 19 de agosto. Además, acompañaron a Maradona en este acto Julio Grondona, Fernando Galmarini (secretario de Deportes) y Jorge Becerra (responsable del Comité Organizador del Mundial de Básquetbol).

8 DE JUNIO DE 1990: SOY EL FANTASMA DE CAMERÚN

Dolorosa derrota 1-0 en el debut de la Copa del Mundo de Italia ante Camerún.

Todo lo pintoresco de la inauguración, los sonidos de la canción mundialista más hermosa, el ingreso al césped del San Siro con una sonrisa ancha, el jueguito de cabeza y hombro hipnotizando la Etrusco hacían presagiar una tarde de felicidad. Sin embargo, aquel Argentina-Camerún fue una frustración enorme. Un equipo albiceleste sin vuelo contra un rival sin ataduras que apeló a un juego muy brusco para frenarlo, por ejemplo esa patada voladora de Benjamin Massing en su hombro derecho. El gol de Omam-Biyik fue irremontable hasta para la velocidad de Caniggia, que fue brutalmente tratado por la fortaleza de los Leones Verdes. "Esta ha sido una dura y gran lección, de la cual todos hemos de ser conscientes", declaró Diego muy triste en vestuarios.

9 DE JUNIO DE 1985: UNA COPA DE VINOTINTO

Gol de cabeza a Venezuela en el triunfo 3-0 por las eliminatorias.

Regaló jugadas mágicas en un partido chato para un público algo hostil con una selección que había sumado todos los puntos en el camino al Mundial. Sobre el final, cuando la victoria se saboreaba con gusto desabrido, habilitó al Negro Clausen para que convirtiera

el segundo tanto y, al minuto, puso la cabeza para ampliar diferencias y callar algunos silbidos de un Monumental distante.

9 DE JUNIO DE 1996: PIE GRANDE

Convirtió el último gol de jugada de su carrera cuando Boca batió 2-0 a Belgrano en la Bombonera.

Partido decisivo para las aspiraciones xeneizes en el Clausura. Belgrano, que se jugaba la permanencia, empantanó todos los caminos al gol. Cerca del cuarto de hora del segundo tiempo, el árbitro, Luis Olivetto, vio que lo sujetaban dentro del área y marcó el penal. Su remate débil fue contenido por César Labarre sin problemas. Entre el desencanto de la multitud, recibió un pase perfecto de Juan Sebastián Verón y definió de zurda al cuerpo del arquero pirata. El gol de Manteca Martínez fue un desahogo, pero la tarde tenía un capítulo final para la emoción más grande. Mientras todos pedían que el partido terminara, Gamboa metió un pelotazo largo y alto. Maradona corrió hasta el vértice derecho del área, la levantó con su empeine; parecía que se iba, pero mágicamente picó y se abrazó a la red, desatando su festejo enloquecido y las lágrimas de todo el estadio.

10 DE JUNIO DE 1986: PASO Y SIGO

Triunfo 2-0 contra Bulgaria para asegurar primer puesto y clasificación para octavos de final del Mundial de México.

Sufrió el asedio de la marca personal de Sadkov, pero el ritmo tedioso del partido hizo que cada aparición suya fuera un destello. La selección argentina administró energías, manejó a gusto las acciones, convirtió un gol al principio y otro al final, cuando Diego hizo una maravillosa jugada por izquierda para poner la pelota en la cabeza del primer gol mundialista de Jorge Burruchaga. Se venían los momentos más intensos de la Copa del Mundo.

10 DE JUNIO DE 1987: SOMOS CÓMPLICES LOS DOS

Jugó los primeros minutos en la selección junto a Claudio Caniggia durante el amistoso ante Italia que terminó en derrota 3-1, con gol suyo de rebote, luego de un disparo de Hernán Díaz.

El estadio Hardturm de Zúrich fue testigo del lanzamiento oficial del Mundial de Italia. Antes del partido, Alessandro Altobelli, representando al país organizador, Pelé, João Havelange y Diego, quien portaba una réplica de la mascota Ciao, mezclaron saludos protocolares para las cámaras. Los italianos se llevaron un triunfo claro basado en la marca que Ciro Ferrara le hizo al 10 y la solvencia de Tacconi para dispersar los pocos intentos. Aquella noche de primavera suiza, se produjo la primera vez de Caniggia y Maradona compartiendo cancha con la albiceleste. Fueron solo cinco minutos, pero fueron los primeros renglones de una hermosa historia.

11 DE JUNIO DE 2000: LA MANO DE DIOS

Se emitió por el programa Versus, de Telefe, el encuentro con el cantante cuartetero Rodrigo en el que cantaron por primera vez "La mano de Dios".

La producción se montó para la primera semana de junio de aquel 2000. Maradona se encontraba viviendo en Cuba y hacia allí viajó el cuartetero a cumplir su sueño: cantar juntos su reciente creación "La mano de Dios", dedicada exclusivamente a la vida del 10. Todo fue registrado en exclusiva por las cámaras del programa Versus, de Telefe. "Lo llevamos a Rodrigo para que lo conozca y le cante este tema", recordó en diferentes reportajes la conductora del ciclo, Jimena Cyrulnik. Al regreso del país caribeño, el cantante falleció en un accidente automovilístico acontecido en la autopista Buenos Aires-La Plata, volviendo de un show brindado en la capital provincial.

12 DE JUNIO DE 2010: AL COSTADO DEL CAMINO

Debut triunfal como entrenador de la selección en mundiales. La Argentina batió 1-0 a Nigeria en Johannesburgo.

El tempranero gol de Gabriel Heinze entregó la tranquilidad necesaria para que su equipo manejara el juego a su antojo. Lio Messi tuvo 90 minutos en modo pesadilla, completando su mejor actuación en aquel mundial donde hizo figura al arquero nigeriano, Enyeama, a fuerza de numerosos tiros al arco. “El que perdona paga y nosotros perdonamos, parecía que no la queríamos meter”, fue la síntesis de Diego en la conferencia de prensa. Romero; Jonás Gutiérrez, Demichelis, Samuel y Heinze; Verón, Mascherano, Maxi Rodríguez y Di María; Messi e Higuaín fue su primera formación como DT en copas del mundo.

13 DE JUNIO DE 1982: DESEO Y DECEPCIÓN

Debut mundialista en Argentina 0-Bélgica 1 por la Copa del Mundo de España.

“¡La Copa, la Copa se mira y no se toca!”, cantaba la multitud argentina presente en el Camp Nou. La mayoría de los espectadores había ido a verlo a él. Y salvo destellos esporádicos con jugadas individuales de gran categoría, la estrategia belga se encargó de cortarle todos los caminos, de encerrarlo. Los testimonios fotográficos de aquella noche fueron elocuentes. El gol de Vanderbergh fue la mano de nocaut para el equipo albiceleste. El debut mundialista de Maradona fue a parar al capítulo de las “decepciones”.

13 DE JUNIO DE 1987: ME COPA ITALIA

Campeón de la Copa Italia tras vencer 4-0 al Atalanta en el global.

El postre del scudetto era esa Copa Italia donde el Napoli ganó los trece partidos que disputó. La primera final fue un 3-0 holgado que se ratificó con el 1-0 en Bérgamo, gracias al gol de Bruno Giordano. “No nos cansamos de ganar”, repetía Diego en vestuarios luego de un festejo alocado ofreciendo esa copa dorada a las decenas de miles de napolitanos que deliraban con la segunda vuelta olímpica en treinta días.

13 DE JUNIO DE 1990: MANO SANTA

La victoria argentina 2-0 ante Unión Soviética en Nápoles quedó en el recuerdo porque evitó un gol de los rusos con su puño derecho.

La angustia vivida luego de la derrota contra Camerún derivó en cinco cambios y muchos nervios para jugarse la parada brava de conseguir un buen resultado ante los rusos, que significaría no quedar eliminados en el segundo partido del mundial. Inmediatamente después de la fractura de tibia y peroné sufrida por Nery Pumpido, un córner desde el ángulo izquierdo fue anticipado de cabeza por Oleg Kuznetsov y, cuando se metía inexorablemente al arco, apareció el puño izquierdo de Maradona para rechazar. Pese a las protestas soviéticas, el árbitro sueco, Erik Fredriksson, ni se inmutó. Más tarde, primero Troglio y luego Burruchaga cerraron un triunfo vital para los vigentes campeones del mundo.

13 DE JUNIO DE 1993: TITANES EN EL RING

Discusión adentro del césped y algunos puños al aire en vestuarios contra Carlos Salvador Bilardo fue el saldo de su último partido con la camiseta de Sevilla.

"¡La puta que te parió! Esto tenemos que arreglarlo de hombre a hombre, aunque dudo de que lo seas", le dijo a Bilardo un Maradona desencajado camino del vestuario, después de tirarle al suelo a Rafa Paz el brazalete de capitán. Sevilla no podía quebrar la debilidad del colista Burgos y el Doctor entrenador decidió el cambio de Pineda por Diego antes de los diez minutos del segundo tiempo. "Conste que yo le había preguntado si jugaba o no, él me pidió que me infiltrara y me sacó enseguida. ¿Cómo no iba a calentarme?, contó en 2007 a El Gráfico.

14 DE JUNIO DE 1985: VALE DIEZ PALOS VERDES

La Sampdoria ofreció formalmente 10 millones de dólares por su ficha.

En plena disputa de las eliminatorias para México 86, la dirigencia de la Sampdoria acercó a sus pares del Napoli una oferta concreta

que consistía en invertir la suma de 10 millones de dólares en el pase definitivo de Diego. La respuesta desde el sur italiano no se hizo esperar: "Si lo negociamos, los tifosi nos incendian la ciudad".

15 DE JUNIO DE 1986: NEGRETE, CORRETE

Un golazo de tijera del mexicano Manuel Negrete convertido ante Bulgaria era el elegido como el más bonito del mundial de México hasta que Diego se encargó de cambiar la decisión.

Aquel domingo, México superó a la insípida selección búlgara 2-0 y los 110.000 presentes en el Azteca salieron asombrados del Coliseo de Santa Úrsula debido a una parábola histórica de Manuel Negrete. Hasta una rápida placa alusiva fue inaugurada en el hall del estadio. Sin embargo, la obra cumbre de Diego concretada una semana después ante los ingleses hizo que tuvieran que compartir el privilegio de ser elegidos los mejores goles de aquella inolvidable Copa del Mundo.

16 DE JUNIO DE 1986: MI MEJOR VERSIÓN

Notable actuación en el clásico rioplatense de octavos de final donde Argentina batió 1-0 a Uruguay.

"Ese día jugué mejor que contra Inglaterra, las gané todas, todas", contó a El Gráfico en 2007. Repasando las imágenes, hubo que darle la razón: su gambeta fue imparable de principio a fin, inició la jugada del gol haciendo zarandear a Bossio, en el segundo tiempo le anularon un tanto por plancha que solo observó Luigi Agnolin (y a la postre no le permitió ser el goleador de aquel Mundial junto a Gary Lineker), comandó contraataques, mimó la pelota, nunca se la pudieron sacar... "Agárrenlo de la camiseta aunque sea, por favor", exclamó en un momento Enzo Francescoli. Un Diego versión Maradona clasificó a la selección para cuartos de final, en un partido sufrido hasta el último minuto, pero que el equipo albiceleste debió ganar por mayor diferencia.

16 DE JUNIO DE 1996: CONTRA EL SHERIFF

Fue expulsado por Javier Castrilli en Vélez 5-Boca 1, suceso que desató un escándalo dentro del campo de juego.

Su actuación durante los primeros minutos fue absolutamente maradoniana. Toques de calidad, centros de rabona, imparable para Marcelo Gómez, el elegido por Carlos Bianchi para anularlo. Festejo con piquito a Caniggia, pero un gol polémico de Camps rompió los nervios de todo Boca y un tiro libre que concretó Chilavert hizo estallar la caldera. En medio de los problemas, el árbitro, Javier Castrilli, expulsó a Diego Maradona, quien, desencajado, fue a pedirle explicaciones que nunca fueron dadas por el Sheriff. "Pero, maestro, ¿está usted muerto? Hábleme, por favor, se lo pido. Hablemos como hombres, como humanos", a medida que Navarro Montoya lo corría del lugar. "Entonces, es un botón", se escuchó a lo lejos. Por el incidente, recibió una fecha de suspensión y esos tres puntos que El Fortín consiguió por el 5-1 final resultaron fundamentales para su consagración en el Clausura.

17 DE JUNIO DE 2010: PIPAS DE LA PAZ

En su segundo partido como DT en Mundiales, su selección goleó 4-1 a Corea del Sur, con tripleta de Gonzalo Higuaín.

Se abrazó regalándose sonrisas de satisfacción con Lionel Messi, que habría sido la figura de aquella tarde de no ser por la contundencia de Gonzalo Higuaín, autor de tres goles de un partido vertiginoso, en el que su selección sufrió desacoples defensivos que mantuvieron vivos a los coreanos hasta que el entonces centrodelantero del Real Madrid perforó a placer las redes del Soccer City. "Nos merecíamos un partido así, hemos estado implacables", declaraba Diego con mucho placer en la conferencia de prensa.

18 DE JUNIO DE 1982: BRILLANTE SOBRE EL MIC

Convirtió sus dos primeros goles en mundiales cuando la Argentina venció 4-1 a Hungría.

El cachetazo belga del debut aún se sentía en sus mejillas. Debía despegar ante los ojos del mundo que deseaba ver su magia. Dos minutos antes, el estadio José Rico Pérez, de Alicante, se había estremecido con el gol de Daniel Bertoni, cuando Mészáros dejó muerto un rebote y Diego, que seguía la jugada, la empujó a la red de cabeza. Desahogo que sirvió para desatarse en aquella noche de viernes, mostrando inteligencia, gambetas, desequilibrio y contundencia. Su segundo grito llegó en la media hora de la segunda etapa con un zurdazo fantástico que se le coló al guardameta húngaro. Goleada, festejos y noche albiceleste de ensueño.

19 DE JUNIO DE 1986: UN TATUAJE AZUL

Dio el visto bueno a las camisetas improvisadas que se usaron en la jornada gloriosa frente a los ingleses en el Azteca.

"No puede ser, no puede ser, la camiseta se les pegó a los jugadores con la lluvia y casi nos empatan". Carlos Bilardo caminaba por las paredes de la concentración cuando se enteró de que contra Inglaterra debía repetir la camiseta usada en el choque ante los uruguayos. Por ello, ordenó una rápida búsqueda de alternativas que tuvieran el sistema denominado Air Tech, que permitía mayor circulación de aire, como tenía la casaca titular. Le Coq Sportif se negó a fabricar una tanda con esos requerimientos por la falta de tiempo. Entonces, el administrativo Rubén Moschella emprendió una gira por el DF, donde consiguió dos muestras azules que llevó a la concentración. Ni Bilardo ni Pachamé dieron el visto bueno hasta que pasó por el lugar Maradona. Luego de consultarlo, no dudó: "Qué linda esta camiseta. Con esta le ganamos a Inglaterra". No hubo más discusiones. Moschella compró 38 juegos, bordaron el escudo de la AFA y estamparon los números grises. Un modelo de la camiseta se exhibe actualmente en el Museo del Fútbol de Manchester.

20 DE JUNIO DE 2005: FOOTBALL MANAGER

En una sorpresiva decisión, Mauricio Macri lo designó vicepresidente del Departamento de Fútbol de Boca Juniors.

"Maradona va a aportar sus conocimientos, a asesorar sobre los jugadores que pueden venir y los que pueden irse", declaró el pope xeneize en la sala de conferencias de la Bombonera. El cargo lo estrenó con la designación de Alfio Basile como entrenador de Boca cuando Julio César Falcioni ya era número puesto. "El técnico tiene que ser Coco. Lo digo como hincha y como hincha del Coco, porque es buena persona y técnico. A Falcioni lo respeto, pero no lo elegiría para Boca", fue su contundente afirmación para correr del camino al Emperador. Una vez que asumió el Coco, pusieron toda la energía en la elección de refuerzos y así se lo hicieron saber al mismísimo Macri: "De fútbol solamente decidimos el Maestro y yo", contestó Basile ante una sugerencia del entonces presidente del club. Diego se mantuvo en el cargo hasta agosto de 2006.

21 DE JUNIO DE 1994: SENTIR QUE ES UN SOPLO LA VIDA

Convirtió su último gol con la camiseta argentina en el aplastante 4-0 sobre Grecia.

Mediodía en el estadio Foxboro de Boston. La selección argentina vencía con comodidad a los griegos gracias al doblete de Gabriel Omar Batistuta. De pronto, Balbo salió del área, tocó para Redondo y se armó una pared maravillosa entre Diego, Cani, otra vez Fernando, pase a Maradona, que se perfiló y sacó un zurdazo al ángulo. Golazo gritado en una carrera alocada que terminó con su rostro pegado a la cámara: "Gooooollll. Accáaaa estttoyyyy". Gardel estaba tan vivo como toda la ilusión del pueblo argentino: "Agradezco a todos, pero especialmente al Barba, al de arriba, que me ayudó mucho".

22 DE JUNIO DE 1986: OBRAS CUMBRES

Simplemente Argentina 2-Inglaterra 1. El partido de su vida. El partido de nuestras vidas.

Estadio Azteca sin aire acondicionado. Un verano ardiente a 2250 metros de altura y con el público mexicano hinchando por los ingleses. Partidos de esos que cocinan trayectorias, donde los que dan la talla ingresan para siempre al fantástico mundo de los indiscutidos. Por eso, viboreó entre rivales hasta la puerta del área

e impulsado por la corrida fue a buscar ese rechazo alto hacia atrás. Decir que pensó en Rattín expulsado injustamente en 1966 quizás suene exagerado. Imaginar que podía vengar la sangre derramada en aquellos ataques arteros en las islas suene a chauvinista, aunque él mismo confesó que el recuerdo de Malvinas lo motivó al mango en la previa. Lo cierto fue que levantó su brazo izquierdo ante Peter Shilton y usó la mano de Dios. Cuando la vio adentro, salió gritando hacia un costado, disfrutando de su venganza, riéndose de quienes protestaban ser despojados. ¡Justo ellos! Entonces, cinco minutos después, bajó a buscar un pase del Negro Enrique para disfrazarse de barrilete cósmico, de superhéroe sin capa y detener el tiempo para siempre. Arrancando por derecha, dejando el tendal, siempre Maradona, genio, genio, tátátá GOOOOLLLLL. "Estuve toda la jugada buscando el momento para dártela", le dijo a Valdano en los vestuarios. "Le hice caso al consejo de mi hermano cuando erré el gol en Wembley", explicó sobre el desenlace de la jugada. Cuando tus sueños se cumplen, se llama perfección. Cuando los partidos de tu vida los jugás a la perfección, se llama grandeza. Cuando te llaman grandeza, seguramente te llamás Diego Armando Maradona.

23 DE JUNIO DE 1979: BANDERITAS Y GLOBOS

Convirtió una tripleta ante Huracán en la victoria 3-2 de Argentinos Juniors.

El césped del estadio de Ferrocarril Oeste fue regado por la magia de Maradona. Sus goles marcaron un arranque demoledor del equipo de La Paternal, a los 16, 54 y 64 minutos, este último un golazo con su sello, de un partido que Huracán peleó mediante el talento que pusieron Houseman y Babington, pero nunca pudieron eclipsar el genio que ganó el match por sí solo y, lamentablemente para ellos, jugó con la 10 del equipo rival.

23 DE JUNIO DE 1985: REYNA DEL BAILE

En Perú 1-Argentina 0 por eliminatorias sufrió la pegajosa marca personal del volante bicolor Luis Reyna.

Las imágenes televisivas mostraban a diez jugadores por bando y a una pareja. La orden del entrenador local, Roberto Challe, fue clara: "Si anulamos a Maradona, tenemos el 90% del partido ganado". Entonces, lo siguió por todo el Estadio Nacional de Lima, estuviera en contacto con la pelota o no. Brusquedades, roces y fouls tácticos molestos: "No entiendo cómo me pudo aguantar Maradona. Fui muy cargoso con él. Yo, en su lugar, habría pegado un puñete", reconoció Reyna a Clarín en septiembre de 2000. Por otro lado, a Diego se lo vio sumiso, sin su acostumbrada rebeldía para sacarse este tipo de escollos de encima. Aquella forma de marcar del peruano quedó en la historia.

24 DE JUNIO DE 1990: ALMA DE DIAMANTE

Su tobillo hecho una pelota de tenis. El asedio brasileño. La guapeada que sirvió el gol a Caniggia. Argentina 1-Brasil 0 en Turín.

"Salí descalzo, así ven que no mentís", le propuso el Profe Signorini y él lo aceptó. Afuera, mucho periodismo que buscaba su testimonio. Todos fijaron su mirada en ese tobillo magullado y totalmente deformado mientras se dirigía donde estaban entrenando el resto de sus compañeros. Los periodistas brasileños dibujaron una sonrisa. Los argentinos solo preguntaron: "¿Así vas a jugar contra Brasil?". "Así o enyesado, pero juego seguro". El estadio Delle Alpi fue testigo de muchos milagros en la zona defensiva argentina. Salvadas, palos, sofocones varios. El reloj corría y el resultado no se movía. Entonces, este muchachito tomó la pelota en mitad de cancha y salió para adelante mientras con un ojo veía las camisetas amarillas por el espejo retrovisor y con el otro repasaba el pique de Claudio Paul Caniggia por izquierda. Cuando vio salir a Ricardo Rocha, supo que era el momento para cruzársela a su socio. El Pájaro definió y el milagro se hizo terrenal. Quedó tiempo para un tiro libre que pedía ángulo y sacó Taffarel, al que aplaudió por semejante atajada. Pitazo final para desatar toda la alegría ante la mirada atónita de los italianos del norte que habían osado abuchearlo en cada intervención y a quienes picaneó desde la conferencia de prensa: "Fue tanta la alegría que me olvidé de los dolores, al tobillo ni lo siento… Ahora sí, creo que estamos para retener el título", relató feliz por primera vez en aquella inolvidable Copa del Mundo.

25 DE JUNIO DE 1986: TODOPODEROSO

Doblete y brillante actuación en la semifinal contra Bélgica. La Argentina, finalista de la Copa del Mundo.

El rato que el partido fue parejo ya lo había mostrado desequilibrante, y había estrellado un zurdazo preciso en el travesaño. En su segundo tiempo, solo faltó que hiciera llover. Dos goles espectaculares, el primero punteando ante la salida de Jean-Marie Pfaff, y el otro, tras gambetear en velocidad a cuatro belgas, sacando un nuevo conejo de la galera de su zurda. El resto fue un concierto maradoniano, repleto de greatest hits, donde casi convirtió otro gol glamoroso y se dio el gusto de darle la bienvenida a los mundiales a su ídolo, Ricardo Bochini, con un "Bienvenido, Maestro, lo estábamos esperando". En vestuarios tras el festejo, revoleando las toallas multicolores y cantando contra los escépticos , sintetizó su alegría: "Estoy feliz por haber llegado por primera vez en mi vida a una final mundialista".

25 DE JUNIO DE 1994: NADIE SERÁ CAPAZ DE MATARTE EN MI ALMA

Último partido con la selección argentina en el 2-1 contra Nigeria por la Copa del Mundo de Estados Unidos.

Incredulidad, asombro, admiración. Otra función maradoniana en el Foxboro. Los nigerianos fueron un escollo dificilísimo, pero Diego fue amo y señor de noventa minutos intensos, donde aportó todo su temperamento, participó de ambos goles de Caniggia, en especial el primero, cuando escuchó el grito para acelerar el tiro libre y volvió a dibujar paredes de fantasía con Fernando Redondo como había hecho cuatro días antes. Los africanos apretaron sobre el final; entonces, llegó el momento de las pisadas, de esconderla, de poner toda la picardía de potrero al servicio de un partido al máximo nivel. "Cuando vimos que dieron vuelta a Nigeria, nos dimos cuenta de que jugaríamos la final contra ustedes", le comentó Bebeto, años más tarde. Con el pitazo final de Bo Karlsson, estalló un festejo descontrolado que interrumpió una mujer vestida de enfermera. Sue Carpenter lo tomó de la mano derecha a un sonriente Diego Armando Maradona y lo llevó directo al control antidoping. Ya nada sería igual.

26 DE JUNIO DE 1983: LUJOS DEL BERNABÉU

Golazo histórico por la final de la Copa de la Liga contra Real Madrid en el Santiago Bernabéu.

Alfredo Di Stéfano, entrenador del Madrid, ordenó un marcaje por relevos, por parte de Salguero y Metgod, pero la balanza volvió a ser inclinada por el dueño de la camiseta 10. Sobre el cuarto de hora, aguantó los tarascones de sus carceleros y dejó servido el gol a Marcos, pero este no supo definir. No bien empezó el segundo tiempo, una magistral jugada por derecha permitió que Marcos tuviera su revancha en la red. Sobre los 12, concretó su obra cumbre: presión alta de Barcelona, cesión en bandeja de oro a Maradona, que escapó la salida desesperada de Agustín, esperó a Juan José, hizo que se llevara puesto el palo con su entrepierna y tocó al arco libre ante el delirio del público. Finalmente los merengues lograron empatar la final de ida con tantos de Del Bosque y Juanito.

26 DE JUNIO DE 2018: HIMNO DE MI CORAZÓN

Su festejo del triunfo argentino contra Nigeria en San Petersburgo lo volvió el gran protagonista de una jornada repleta de emociones.

El agónico gol de Marcos Rojo que revivía las chances argentinas lo desató por completo. Sus asistentes tuvieron que sostenerlo para que no cayera a la platea desde los palcos. Cuando el partido finalizó, quedó de cara al único rayo de sol que penetraba el estadio Krestovski e invocó su plegaria al cielo. Unos minutos después, estaba siendo atendido por un pico de presión. Enseguida, los deleznables de siempre difundieron una noticia fatal. Al ratito, estaba volando a Moscú. Todos pendientes del Diego, como siempre.

27 DE JUNIO DE 2010: AMOR A LA MEXICANA

Cuarto triunfo como entrenador de la selección argentina en el Mundial de Sudáfrica. El 3-1 sobre México clasificó al equipo para los cuartos de final.

El impulsivo Diego de afuera se reflejaba en el andar de los albicelestes. Lanzado en ataque, se transformaba en irresistible, porque

si Messi o Di María no funcionaron, Tevez e Higuaín consiguieron resolver un partido complicado porque el Tri logró supremacía en el mediocampo, tuvo las llaves para abrirlo, pero gracias a un error del italiano Rosetti, el Apache convirtió en off side el primero. Un gran gol de goleador del Pipita estiró las ventajas y un derechazo preciso de Carlitos liquidó la serie en el Soccer City. "Entiendo la calentura de Aguirre, pero me preocupo más de que lastimen a Messi de que un línea se equivoque en un fuera de juego", fue su descargo por las protestas mexicanas al arbitraje. Alemania esperaba en Ciudad del Cabo.

28 DE JUNIO DE 1981: ESTABA EL DIABLO MAL PARADO

Golazo de emboquillada contra Independiente, que sirvió para empatar el partido a pocos minutos del final.

El clásico fue aburrido, con pocas luces, pero los rojos habían sacado ventaja temprano mediante una definición de Osvaldo Mazo entrando al área, y la fuerza de sus compañeros no alcanzaba para empatarlo. Fue entonces cuando corrió un pelotazo que parecía del, hasta ese momento, muy seguro Carlos Goyén, la ganó y definió de emboquillada sobre el cierre de la figura de la tarde, Enzo Trossero. El empate xeneize fue el primero de una serie de cuatro que posibilitaron el acercamiento de Ferrocarril Oeste.

29 DE JUNIO DE 1983: PASADOS DE COPAS

Gol de penal contra Real Madrid para ganar la Copa de la Liga. Fue su segundo y último título en Barcelona, conseguido ante su máximo rival, como había pasado en la Copa del Rey.

La pared en velocidad con Schuster terminó en claro penal contra el volante alemán. Disparo rasante a la izquierda del arquero Agustín para sacar una ventaja que cinco minutos después Alesanco lograría ampliar. Todo se encaminaba a goleada, con Diego fabricando peligro constante, ya fuera por intervenciones individuales o habilitaciones perfectas a compañeros, pero los merengues descontaron, Santillana mediante, y fue tiempo de soportar. "En su campo tienen la cabeza muy grande pero aquí, se c... Hemos ganado porque tenemos una gran afición, la mejor", declaró exultante en los festejos.

29 DE JUNIO DE 1986: EL CIELO CON LAS MANOS

Campeón del mundo con la selección argentina. El momento culminante de una historia de superación y sacrificios.

"El Mundial lo tomé como una obligación. Quería hacer goles, distribuir juego, tirarme a los pies, ordenar, marcar", dijo Diego, y conquistó a todos en la Copa del Mundo de México. En aquella final, los hinchas locales nuevamente instalaron un clima de mucha hostilidad contra el combinado albiceleste y Franz Beckenbauer diseñó un esquema defensivo con la única misión de frenarlo. Primero lo encimó Matthäus, luego Förster. Sin embargo, se soltó tres veces que significaron los tres tantos argentinos para llevarse la final: foul sobre la derecha que provocó el tiro libre para el gol de Brown, traslado rápido de pelota a Enrique en el conquistado por Valdano. Pase perfecto al vacío para que Burruchaga sometiera a Harold Schumacher. Tomó la posta de líder luego del empate alemán con una arenga directa al corazón: "Dale que están muertos, ya no pueden correr. Vamos a mover la pelotita que los liquidamos antes del alargue". Aceleró esa jugada hasta las narices del arquero germano, donde pareció que su zambullida había sido penal. Ahí está el Pelusa de Fiorito mirando fijamente esa Copa que no para de levantar, mirar y reflejarlo. Campeón del mundo.

30 DE JUNIO DE 1985: ADENTRO

Sufrida clasificación al Mundial de México gracias al empate 2-2 frente a Perú en Buenos Aires.

Cuando logró sacarse a su cancerbero Reyna con un rodeo, el Monumental estalló de placer mientras encaraba como puntero izquierdo. Sobre la raya de fondo, colocó un centro al pecho de Pasculli, que definió cruzado. Parecía una tarde tranquila que terminó en angustiante, pero el pasaporte a la Copa del Mundo estaba logrado.

30 DE JUNIO DE 1986: PARA EL PUEBLO LO QUE ES DEL PUEBLO

Festejo multitudinario en Plaza de Mayo, donde los campeones del mundo saludaron desde el balcón de la casa de gobierno.

Bajó del avión, subió al micro que recorrió varias horas por el Gran Buenos Aires entre ese pueblo alborozado y agradecido por la satisfacción de ser los mejores del mundo. Siempre sin largar un minuto la Copa. Saludo al entonces presidente, Alfonsín, y juntos salieron a los balcones donde se desató la gran fiesta. Para el pueblo lo que es del pueblo.

30 DE JUNIO DE 1990: SAN GOYCO

Pese a su penal errado en la definición, la selección argentina logró su pase a semifinales del Mundial de Italia, tras vencer en los penales a Yugoslavia.

Tomislav Ivkovic contuvo fácilmente su remate débil y niveló la serie de penales. "¡¡¡Nooooo!!!". El grito del 10 fue visceral, quería morirse en ese pedacito de césped del Artemio Franchi. Para colmo, Pedro Troglio erró el siguiente y ya se entraba en terrenos de milagros desde donde apareció Sergio Goycochea tapando los penales de Brnovic y Hadzibegic. Diego corrió a abrazarlo y repitieron la escena para todos los fotógrafos. El campeón del mundo ya estaba entre los cuatro primeros otra vez.

30 DE JUNIO DE 1994: ME CORTARON LAS PIERNAS

Confirmada la noticia de su doping por efedrina, pese a las denuncias de nulidad de la contraprueba, confesó que le "cortaron las piernas" en una nota a Adrián Paenza, emitida por Canal 13, minutos antes del partido Argentina-Bulgaria.

"Despertate, Diego, que se terminó todo". Fernando Signorini prefirió ser bien directo para darle la novedad más dolorosa. "Nooo, me rompí el c..., ¿entendés? ¿Y me viene a pasar esto?", gritaba el 10 desde la ducha. Julio Grondona decidió sacarlo de la lista para "evitar mayores sanciones". El secreto que duró 48 horas se develó mientras el seleccionado de Basile hacía el reconocimiento del campo de juego del estadio Cotton Bowl de Dallas previo a su enfrentamiento contra Bulgaria. Y explotó con ese reportaje en el prime time del canal de Constitución, donde apareció el Diego más abatido jamás visto: "No quiero dramatizar, pero me cortaron las piernas. Creeme que me cortaron las piernas. Me cortaron las piernas a mí, a mi familia. Ahora nos sacaron del Mundial, nos sacaron la ilusión".

JULIO

1 DE JULIO: ADIÓS, ROBERTO

Tras jugar unos meses en el Al Hilal de Arabia Saudita, confirmó su retiro el futbolista brasileño Roberto Rivelino, ídolo suyo durante los años setenta.

La admiración de Diego por Rivelino nació en aquel mítico equipo brasileño campeón del mundo en México. En su autobiografía, Yo soy el Diego, no dudó en remarcar: "Fue uno de los mayores de todos los tiempos, y cuando digo eso la gente se sorprende. No sé por qué. Era la elegancia y la rebeldía en persona para entrar en un campo de fútbol". En el mundial disputado en Brasil se dio el gusto de entrevistarlo para su programa De zurda y siendo técnico del Al Fujairah subió un video a sus redes sociales donde, mientras realizaba piruetas con la pelota, decía: "A mí la que me gustaba hacer era la de Rivelino, la de Rivelino me gusta", que consistía en moverla con la zurda para que golpeara en su pierna derecha y desairara al rival.

2 DE JULIO DE 1982: DERECHO DE PISO

Sufrió la eliminación de la selección argentina del Mundial de España tras caer 3-1 contra Brasil y ser expulsado por un planchazo a Batista.

En la derrota 2-1 ante Italia acontecida tres días antes, sufrió el rigor de Claudio Gentile, que literalmente lo molió a patadas. Contra

los brasileños había que jugarse a todo o nada y así salió el equipo argentino con Diego como estandarte y dos situaciones netas en los pies Kempes y en la cabeza de Juan Alberto Barbas, pero aquel scratch de Telé Santana, integrado por monstruos de la talla de Junior, Socrates, Toninho Cerezo, Falcao y Zico fue superior línea por línea y lo noqueó a pura contundencia. Con la eliminación decretada, los últimos minutos quedaron para que la impotencia de los albicelestes quedara expuesta en la plancha baja de Maradona contra Batista. El campeón del mundo con el mejor del mundo se volvían a casa.

2 DE JULIO DE 1987: CANCIÓN DE DOS POR TRES

Doblete contra Ecuador en la victoria 3-0 por la Copa América.

La Copa América de Argentina fue el primer reencuentro entre los campeones del mundo (sin varios de ellos) y la gente. Por eso, llamó la atención que, salvo en semifinales contra Uruguay, el Monumental nunca estuviera lleno. Diego llegaba a punto caramelo luego de un año calendario fantástico que había comenzado en México y prolongado con la obtención del scudetto y la Copa Italia. Sin embargo, la selección de Bilardo nunca funcionó. El 10 aportó el gol en el empate 1-1 contra los peruanos y dos tantos, uno de penal y otro gracias a un tiro libre perfecto desde la medialuna, la noche donde se jugaban el pase a semifinales ante el combinado ecuatoriano. Luego vendrían las derrotas contra la Celeste y los colombianos.

3 DE JULIO DE 1990: LA VIDA ES BELLA

Victoria por penales ante Italia para eliminarlo de su Copa del Mundo. Otra hazaña para la eternidad.

“Diego en los corazones. Italia en los coros”. “Maradona. Napoli ti ama, ma l’Italia è la nostra patria”. Nápoles tenía el corazón partido entre la Azzurra y Maradona. Hasta respetaron con aplausos el Himno Nacional Argentino, algo que no había sucedido en los estadios del norte. Aquella noche fue el mejor partido del 10 y, en consecuencia, de la selección. Dominio de pelota, mucho toque, circulación y volumen de juego que no cambió cuando Salvatore Schillaci puso en ventaja al local ni cuando, en la mitad del segundo tiempo, Claudio Caniggia peinó el centro de Olarticoechea. Luego de un alargue "alargado", que totalizó 37 minutos en los que expulsaron al Gringo Giusti, otra vez los penales, como ante los yugoslavos. Las manos de Goyco para detener el de Donadoni, la caricia de Diego, sin renunciamientos, para engañar a Zenga, más otra atajada inmensa de Goycochea a Serena pusieron al campeón del mundo en su segunda final consecutiva y silenciaron a todo un país. "Creo que terminé desgarrado, pero hoy nada me importa", le dijo al periodista Pablo Tiburzi desde arriba del micro.

3 DE JULIO DE 2010: TOCUEN

La ilusión del Mundial de Sudáfrica chocó contra el esplendor alemán en Ciudad del Cabo. Alemania 4-Argentina 0.

"No hay que comerse el chamuyo de Alemania, aprovecharon los errores de Inglaterra en octavos", pronosticó con optimismo. Sin embargo, el rápido gol de Thomas Müller fue una lápida para las intenciones albicelestes. Alemania tuvo una versión compacta, serena y resolutiva. La Argentina estuvo desorganizada, nerviosa, improductiva y sin juego. El resultado final mostró a las claras lo que pasó en el pasto del Cape Town Stadium. Diego se abrazó largo rato con Dalma en la puerta del vestuario y en la conferencia soltó sus sentimientos: "Cada gol fue un puñal en mi corazón".

4 DE JULIO DE 1986: EL MUNDO A SUS PIES

Toda la prensa mundial se rindió a sus pies luego de la consagración en la Copa del Mundo de México. Guerin Sportivo publicó fotos y videos realizados en el San Paolo, donde hacía jueguito con un globo terráqueo.

La producción se realizó con las posibles estrellas del mundial que se avecinaba. Consistía en hacer jueguito con un globo terráqueo de gran tamaño. Diego, feliz, manejaba su zurda mientras el "mundo" subía y bajaba en la inmensidad del San Paolo vacío. En la tapa del semanario italiano, bajo el título de "Maramondo" y con varias páginas dedicadas al campeonato mundial ganado por la Argentina, explicado desde su influencia gravitante.

5 DE JULIO DE 1981: CONSERVE SU DERECHA

Golazo a River con la pierna derecha para abrir el otro superclásico del Metro que terminó 1-1.

El cero no se quebraba. A los diez minutos del segundo tiempo, Osvaldo Escudero realizó una jugada fantástica de viejo wing por la izquierda, sirvió el centro, no pudo Perotti, le quedó a Diego, quien escapó a Fillol, y convirtió de derecha por arriba del Pato y del Conejo Tarantini, la misma dupla que había desairado en la Bombonera la noche lluviosa de la primera rueda. Más tarde, empató Mario Kempes, pero su obra de arte siempre formará parte de los grandes goles de los River-Boca.

5 DE JULIO DE 1984: EL CIELO ES UN LUGAR EN LA TIERRA

Apoteótica recepción de los tifosi napolitanos en el estadio San Paolo.

Desandó los escalones rumbo al terreno de juego con cara de tímido, absorbido por tanta euforia. Cuando su figura asomó por el túnel, el San Paolo explotó de felicidad. Levantó sus brazos para saludar y escuchó un coro de bienvenida: "Dieeeegooo, Dieeeeegooo". Hizo jueguito, revoleó los balones al aire, saludó al estilo vuelta olímpica a la multitud desbordada y se sintió feliz en esa ciudad de pasiones al extremo. Nunca supo que el objetivo primordial del Napoli era salvarse del descenso en esa temporada 1984-1985. "Quiero convertirme en el ídolo de los pibes pobres de Nápoles, porque son como era yo cuando vivía en Buenos Aires", declaró en la conferencia posterior.

6 DE JULIO DE 2017: FIGLIO DI NAPOLI

En los festejos del trigésimo aniversario del primer scudetto, recibió el título de Ciudadano Ilustre de Nápoles.

La distinción se la entregó el alcalde de la ciudad, Luigi De Magistris. "Nadie me quiere como los napolitanos", dijo Maradona con mucho entusiasmo, a lo que agregó: "La ciudadanía me la gané en la cancha, hoy es un día inolvidable para mí".

7 DE JULIO DE 1982: MEA CULPA

“Iré en el avión con la selección al país para dar la cara”, manifestó para la revista El Gráfico tras la eliminación del Mundial de España.

“En Barcelona preferían que me quedara unos días más, pero yo quise venir con el plantel. No juzgo a quienes se quedaron, pero cada uno sabrá sus motivos. Acá perdimos todos. Me preguntan por qué no fui el 10, pero no se quejaron cuando fui el 9 contra Hungría y metí dos goles. Tomaré todo esto con calma aunque estoy muy dolorido”. Así terminó su primera experiencia mundialista. La revancha llegaría mucho más pronto de lo imaginado.

8 DE JULIO DE 1990: COPA ARRANCADA

Derrota en la final del Mundial de Italia contra Alemania. Su llanto tras recibir la medalla de plata quedó grabado en todas las mentes futboleras.

El estadio Olímpico de Roma se convirtió esa noche en el Olímpico de Múnich. Muchos alemanes pero también todos los italianos en contra de ese número 10 que por la pantalla gigante les “dedicó” un saludo en forma de insulto mientras ofendían su Himno Nacional. De aquella final despareja, con pocas equivalencias, donde un remendado equipo argentino salió a soportar y esperar algún error rival, se le sumó un arbitraje impresentable del mexicano Edgardo Codesal, cuyo principal error fue cuando, a la salida de un córner, le cometieron un imprudente penal, tan impensado como cobrable: “¡Penal. Cobralo, hijo de p… Acá hay una mano negra, viejo!”. Cuando sí vio penal de Sensini a Völler, no había forma de levantarlo. En medio de la algarabía europea, infló el pecho, subió esos escalones hasta donde estaban algunos de sus verdugos de escritorio y se fue llorando como el pibe de Fiorito, con su medalla colgada en medio de la hostilidad de sus víctimas de adentro de la cancha.

9 DE JULIO DE 1997: DIA DE LA INDEPENDENCIA

En un amistoso de presentación, Boca derrotó 2-0 a Newell’s en el Parque Independencia.

La empresa multimedia América, dueña de sus derechos económicos, eligió una de sus casas futbolísticas para el retorno. La hinchada rojinegra lo recibió con gratitud pese a su paso en falso durante 1993. A poco de comenzar, los xeneizes dispusieron de un tiro libre a la altura de la medialuna. Mientras Toresani y Pompei distraían, Diego tomó la pelota, la acarició y sacó un roscazo de zurda que, luego de pegar en el palo, se metió en el arco defendido por Cristante. Festejo medido después de estar 332 días fuera del fútbol y trabajar bajo las órdenes del exatleta canadiense Ben Johnson, hasta lograr una forma física muy buena. Maradona y Boca otra vez caminaban juntos.

10 DE JULIO DE 1986: SOMOS LOS PIRATAS

Participó, vestido de jugador de Belgrano de Córdoba, en un amistoso contra Vélez Sarsfield disputado en el estadio Chateau Carreras.

Dos semanas después de levantar la Copa del Mundo, los Piratas contrataron a Maradona para una noche inolvidable. El partido se jugó a beneficio del Patronato de la Infancia ante un lleno absoluto de las tribunas del viejo estadio mundialista, que vieron 90 minutos completos de Diego con la 10 del cuadro de Barrio Alberdi. Quedó como anécdota el penal que marró promediando el segundo tiempo, que fijó el resultado en empate 1-1. Los titulares de Belgrano fueron Ramos; Ghielmetti, Céliz, Reyna y Chiera; J. J. López, Villarreal y Maradona; Blasón, Scatolaro y Vázquez, bajo la dirección técnica del recordado Tomás Rodolfo Cuellar.

11 DE JULIO DE 1978: EL CORTE INGLÉS

El entonces manager de Sheffield United, Harry Haslam, viajó especialmente a la Argentina para iniciar gestiones por su pase.

En julio de 1978, el manager de los blades, Harry Haslam, lo observó en acción en un viaje de exploración a la Argentina y quedó tan impresionado, pese a su corta edad, que inmediatamente arregló un trato de £ 200.000. Pero la transferencia fracasó cuando el club de la segunda división no logró subir la oferta tras la respuesta negativa de Argentinos Juniors, por lo que el enviado de Sheffield arregló con

River Plate por £ 160.000 la cesión de Alejandro Sabella, jugador que triunfó en el fútbol inglés con la camiseta rojiblanca y en el Leeds United.

12 DE JULIO DE 1989: MARACANÁ, NO

Derrota 2-0 contra Brasil en el inicio de la fase final de la Copa América disputada en el estadio Maracaná.

Había llegado a la competencia con una fuerte contractura en su espalda y se notó en su rendimiento apagado. "Nunca pidió salir; para nosotros, los que éramos más chicos, ese sentido de pertenencia nos servía de gran lección", rememoró una vez Alejandro Alfaro Moreno. En aquella noche de tristeza, regaló algunos lujos, como un pecho y pase de taco a Clausen sobre el lado derecho. Todo lo demás pasó por la clara superioridad de los locales y los lujos de la dupla Bebeto-Romario, autores de los goles en aquella noche.

13 DE JULIO DE 1997: LA NOCHE QUE ME QUIERAS

Último regreso oficial a Boca Juniors. Buen rendimiento personal y victoria 3-2 sobre Racing Club.

La fiesta de afuera salió a la perfección. Fuegos artificiales, carteles lumínicos que daban la bienvenida y la Bombonera al palo para ver un equipo de Boca que navegaba sin rumbo por el medio de la tabla. Junto a él, ingresó el actor Carlín Calvo para grabar la presentación de su nueva telenovela RR D.T. En la fiesta de adentro, estuvo muy participativo, enlazando el mediocampo con las gambetas de Latorre y el oportunismo de Pascualito Rambert. Colocó un centro perfecto para el gol de Fabbri, se animó a una chilena desde afuera del área y se fundió en un abrazo cuando el Bambino Veira decidió sacarlo.

14 DE JULIO DE 1989: MARAVILLA AGRIDULCE

Se animó a sacar un remate desde media cancha, que estalló contra el travesaño del arquero uruguayo Javier Zeoli.

La selección campeona del mundo quedó sin chances de obtener la Copa América de Brasil justo en el partido donde mejor hizo las cosas, pero se encontró con un Rubén Sosa imparable, autor de los dos goles orientales del clásico rioplatense. De aquella noche quedó, para meter entre esos videos de genialidades de Diego, una repentización fantástica que enmudeció a los pocos presentes en el Maracaná. Recibió la pelota cruzando la raya central, levantó la cabeza y sacó un remate seco, recto y alto. Mientras Zeoli corría desesperado, la pelota tuvo el capricho de rebotar en el travesaño. "Cuando sacó el tiro, pensé... este tipo es un genio impresionante. Por suerte, no entró", recordó una vez la figura de aquella noche, Rubén Sosa.

14 DE JULIO DE 1996: PICO Y PALA

Aplastante 4-1 contra el River de Ramón Díaz, con tres goles de su socio Claudio Caniggia, en su último enfrentamiento contra el eterno rival en la Bombonera.

El cuarto penal consecutivo errado esta vez terminó en sonrisas cuando Cani logró empujarla al gol. La gran victoria en el superclásico borró cualquier malestar. El mejor partido de Boca de aquel Clausura también mostró una buena versión de Diego haciendo circular la pelota alrededor de dos vigorosos Juan Sebastián Verón y Kily González. "Si Cani le hace un gol a River, yo le doy un piquito", prometió en la semana. Tuvieron que ser tres.

15 DE JULIO DE 2017: QUE CINCO AÑOS NO ES NADA

Dirigió el primer entrenamiento como técnico del Al-Fujairah SC de Emiratos Árabes Unidos tras cinco años sin dirigir oficialmente.

"Quiero contarles que soy el nuevo director técnico del Al-Fujairah SC, de la segunda división de Emiratos Árabes Unidos. ¡ Estos son mis nuevos colores!", confirmó Maradona en su página de Facebook, acompañando el mensaje con una fotografía suya sosteniendo la camiseta del club roja y blanca con su nombre y el número 10. "No le tengo miedo al desafío, todo lo contrario. Tengo muchas ganas de conocer a los jugadores, tengo ganas de saber cómo entrenan, cómo se alimentan, cómo le pegan a la pelota. Es todo nuevo. Es una serie menor, pero que yo la tomo como si fuera la mejor del mundo", concluyó.

16 DE JULIO DE 2018: GRANDE TANQUE

Otro proyecto futbolístico: asumió la presidencia del Dinamo Brest de Bielorrusia por tres años.

Ejerció el cargo de director del consejo ejecutivo del Dinamo, ya que el cargo de presidente propiamente no existía, y se dedicó a consultar al club en temas organizativos y asuntos deportivos, desde fichajes hasta la gestión de la academia del Dinamo. En la presentación, no solo recibió aplausos, con una alfombra roja y con una banda musical, sino que también fue obsequiado con un anillo de diamantes y, el más extravagante, un Overcomer Hunta, un descomunal "tanque" anfibio capaz de desplazarse por tierra y también por mar. El equipo logró superar al Atromitos de Grecia con un global 5-4 en la primera fase de la Liga europea, pero en la siguiente quedó eliminado frente a Apollon Limassol de Chipre.

17 DE JULIO DE 1980: ACTOR DE FAMILIA

Se estrenó la película Qué linda es mi familia, con Palito Ortega y Luis Sandrini (fallecido 12 días antes del estreno), donde realizó una participación actoral.

Sandrini, padre de familia, es el máximo directivo de un club de barrio. Un día, presenciando una práctica, un pibe deslumbra a todos los presentes. "¡Es un fenómeno. Nació para ser estrella!", vocifera Don Luis. Cuando el jovencito enrulado de camiseta roja se acerca, dialogan amablemente durante dos minutos que quedaron en la historia del cine argentino:

Maradona: —Yo no me quiero ir nunca del barrio. Acá tengo mis amigos, mi familia.

Sandrini: —Lo sé, como también sé que vas a llegar a ser una estrella mundial. Cuando llegue ese momento, no te olvides de lo que acabas de decir, de tus amigos y de tu familia.

18 DE JULIO DE 2015: VUELTA AL PALCO

Tras largos años de ausencia, retornó a su palco de la Bombonera para presenciar el regreso de Carlos Tevez a Boca Juniors.

Cinco días antes, durante la presentación ante una Bombonera colmada, había sorprendido con una bandera casera de respaldo al Apache. El sábado fue a ver el partido ante Quilmes. "Volvió la alegría. Con Carlitos en una cancha ya es alegría", expresó Maradona al término del encuentro.

En diálogo con Radio Mitre, también destacó el golazo de Calleri de rabona: "Fue un golazo. Se tiene que juntar un poquito más con Carlitos. Boca tiene ahí a dos jugadores geniales".

19 DE JULIO DE 1980: HACIENDO LA VAQUITA

La AFA anunció que colaboraría con la dirigencia de Argentinos Juniors para que permaneciera en el plantel de La Paternal.

"Si Argentinos Juniors necesita una colaboración de la AFA, se hará el esfuerzo en resguardo de la selección nacional", confesó Julio Grondona en conferencia de prensa. Tiempos difíciles, más allá de la primavera corta que fue la "plata dulce" en la Argentina. Los dirigentes del Bicho no lograban cerrar las cuentas ni haciendo jugar al equipo varios amistosos al mes. Barcelona estaba siempre a la expectativa para ganarles de mano a todos los otros interesados de Europa y quería hacer valer el precontrato firmado en mayo. "Eso sí, el importe que se adelante será con devolución", aclaraba el pope máximo del fútbol nacional.

20 DE JULIO DE 1986: MI HERMANO, EL 10 DE BOCA

Su hermano Lalo debutó en la primera de Boca en el empate 0-0 por la segunda fecha de la temporada 86-87.

Tres días antes, Boca se había llevado un triunfo heroico del Centenario ante Peñarol jugando con dos hombres menos por lo que su DT, Mario Nicasio Zanabria, optó por una formación alternativa para el partido correspondiente al torneo local. A los seis minutos, Eduardo

Sisca no pudo continuar por una lesión, entonces, fue momento para el ingreso de Raúl. Totalizó cinco partidos con la azul y oro y luego prosiguió su carrera en Avispa Fukuoka de Japón, Toronto Italia de Canadá, Deportivo Municipal de Perú, Defensa y Justicia y Deportivo Laferrere.

21 DE JULIO DE 1970: EL ARTISTA

En el entretiempo del partido entre Argentinos Juniors y Boca, hizo rutinas de jueguitos que enloquecían al público presente.

"¡Que se quede, que se quede!". El cantito unió a las dos hinchadas que habían asistido a un primer tiempo donde los de La Paternal ganaban 1-0 con gol de Alcíbar, pero se habían aburrido bastante. El pibe de nueve años empezó los movimientos: dale y dale con la cabeza, empeine, hombro y taco sin que el esférico tocara el césped. Los jugadores profesionales de ambos equipos regresaron al campo para disputar los últimos 45 minutos. Los espectadores cantaron por primera vez por un tal Diego Maradona.

22 DE JULIO DE 1989: LA MARSELLESA

Durante el verano de aquel año, el empresario Bernard Tapie dueño del Olympique de Marsella, estuvo a punto de conseguir su ficha en medio de sus disputas con el presidente del Napoli, Conrado Ferlaino.

"En el verano europeo de 1989, había firmado un contrato con el Marsella. Estaba todo listo", contó el propio Maradona y explicó: "Después de una reunión de cuatro horas, Conrado Ferlaino me dijo que si ganábamos la Copa UEFA, me dejaba ir. La Copa la ganamos, pero al final impidió que me vaya a Marsella". El desgaste de la relación fue el principal impulsor de una transferencia que avanzó hasta un acuerdo total salvo la firma del Napoli. "Le pido a Ferlaino que me ceda. No quiero irme por plata, sino por motivos familiares. Napoli me dio todo, ahora querría que me dejara contento una vez más. Cediéndome, Ferlaino tiene la posibilidad de construir un gran equipo alrededor de Careca", lanzó desde Brasil, donde disputaba la Copa América. Finalmente, nunca se dio el último paso: Diego tardó un mes en regresar a Italia para encarar una temporada de

ensueño donde obtuvo el segundo scudetto, y Tapie contrató a Enzo Francescoli del Matra Racing de París, que terminó siendo el ídolo de Zinedine Zidane.

23 DE JULIO DE 1978: FÚTBOL SIN ARCOS

Argentinos Juniors goleó 5-2 a Unión sin goles suyos, pero con una actuación descollante.

Mientras sus compañeros se encargaban de meterla, él se ocupó de mover todo el esquema táctico del tatengue, que nunca pudo atraparlo. Claudio Prémici, Rubén Favret y Sebastián Ovelar, ambos en dos ocasiones, fueron quienes hicieron gritar a los presentes en Boyacá y Juan Agustín García. Pero el recuadro de la figura de la cancha, como se acostumbraba en la época, fue para Maradona.

24 DE JULIO DE 1995: EL DÚO DINÁMICO

Firmó su contrato con Boca junto a Claudio Caniggia, recientemente incorporado al club.

Aquellos días por la Bombonera el movimiento era intenso. Por las tardes, cientos de hinchas querían asociarse. Y en noches como la de aquel lunes, todo se convulsionaba. Cientos de medios, cámaras, periodistas, fotógrafos buscando a dos protagonistas: Claudio Caniggia y Diego Maradona. Luego de la primera práctica formal bajo las órdenes de Silvio Marzolini durante la tarde en el Hindú Club, don Antonio Alegre, entonces presidente de Boca, y Eduardo Eurnekián, factótum de la llegada de ambos, flanqueaban a las máximas estrellas xeneizes que realizaron las firmas simbólicas de sus respectivos vínculos.

25 DE JULIO DE 1996: UN CUENTO CHINO

Su presencia fue la mayor atracción en una gira que Boca Juniors emprendió por la China para disputar dos partidos amistosos.

Los chinos hacían una ordenada fila para conseguir su autógrafo en la superficie que fuera: camiseta o papel daba lo mismo. En el

Worker's Stadium de Pekín, una multitud vio aquel triunfo ante el Beijing Guoan con doblete de la Brujita Verón. Dos días más tarde, el triunfo 3-0 sobre Sichuan Quanxing fue más holgado. El público chino se había dado el gusto de ver a Diego y a Boca en vivo, aunque el cansancio producido por el viaje fue un enemigo para llegar enfocados a la recta final del Clausura, donde se perdieron todas las chances de campeón.

26 DE JULIO DE 1992: RITMO DE LA CHARLES

Aún suspendido por la FIFA, presentó en el ciclo televisivo Ritmo de la noche al brasileño Fabián Figueredo Santos, "Charles", jugador que había comprado para Boca, jugando un fútbol 5 ante exjugadores de River Plate.

Durante el año, había jugado varios partidos en la cancha montada en el estudio mayor de Telefe. Ritmo de la noche, conducido por Marcelo Tinelli, era el programa número uno en audiencia. Esta vez, el desafío fue un superclásico que contaría con la presencia estelar del brasileño Charles, nueva figura de Boca Juniors, que él mismo había comprado al Cruzeiro de Brasil.

Gatti, Tapia, Charles y Maradona por el lado xeneize. Fillol, Tarantini, Juan José López y Alonso alinearon para los millonarios. Ganó Boca 6-4, con dos del 10 y un tanto del brasileño, quien nunca pudo pisar firme en aquel equipo campeón del Maestro Tabárez y se volvió a su tierra seis meses después.

27 DE JULIO DE 1986: LIVING IN AMERICA

Fue la máxima atracción de un partido a beneficio de Unicef jugado entre las estrellas de América contra Resto del Mundo ante 85.000 espectadores que completaron el Rose Bowl de Pasadena.

Su nombre ocupó el cartel principal cuando anunciaron el partido. Por el Resto del Mundo jugaron Jennings (45' Dasaev), Amoros, Butcher, Stielike, Renquin (45' Hermann), Strachan, Magath, Lerby, Belanov (45' Park Chang Sun), Paolo Rossi y Rochetau (58' Timoumi), dirigidos técnicamente por Franz Beckenbauer. Su equipo alineó a Pumpido (45' Roberto Fernández), Josimar (72' Caligiuri),

Julio César, Brown (45' Quiriarte), Servín, Falcao, Alemao, Nunes (62' Julio César Romero), Negrete, Cabañas y Maradona, entrenados por Carlos Bilardo y Bora Milutinovic, que arrancó perdiendo con goles de Butcher y Paolo Rossi, y logró remontarlo gracias a su aporte y al de Roberto Cabañas. Por penales, la simbólica copa quedó en manos de las estrellas de América.

28 DE JULIO DE 2006: PORTAZO AL RUSO

Luego de la salida de Alfio Basile para la selección argentina, en su rol de vicepresidente del departamento de fútbol, entrevistó a Ricardo La Volpe, mantuvo una conversación con Marcelo Bielsa y descartó como sucesor a Jorge Ribolzi, ayudante del Coco en su exitoso primer ciclo boquense.

"Muchos vienen diciendo que Ribolzi y que Zanabria ya están. De ninguna manera podemos meter en problemas a estos muchachos. Son grandes profesionales, pero con el respeto que me merecen los dos, no están a la altura de ser el técnico de Boca". Así Diego logró bajar lo que ya era deseo concreto de la Comisión Directiva. También se refirió a la transición post-Basile: "Boca no puede quedarse seis meses sin entrenador. Ya pasamos por eso una vez, con Benítez, y nos fue muy mal. Fuimos de cabotaje. No viajamos ni a Uruguay". Pocas semanas después renunció a su cargo.

29 DE JULIO DE 2010: FIN DE CICLO

La AFA oficializó que no le renovaría contrato como técnico de la selección argentina.

"Con el pleno de sus integrantes y por unanimidad, el Comité Ejecutivo de la AFA ha decidido no renovar el contrato a Maradona", anunció su portavoz, Ernesto Cherquis Bialo. Por el lado de Diego, Fernando Signorini fue el primero en responder: "Grondona está acostumbrado a imponer: debería agradecerle a Diego". Luego apareció desde Ezeiza el mismísimo Pelusa leyendo un comunicado sin repreguntas: "Grondona me mintió, Bilardo me traicionó. Luego de la eliminación de Sudáfrica, Grondona me dijo en el vestuario, en presencia de testigos y jugadores, que estaba muy contento con el trabajo realizado y que quería que siguiera. Luego, a la vuelta, en la Argentina empezaron a enturbiarse las cosas".

30 DE JULIO DE 2005: EL CIRCO DE ÁMSTERDAM

Acompañando a Boca Juniors, como vicepresidente del Departamento de Fútbol, en la gira de presentación de Alfio Basile, realizó una sesión de jueguitos que maravilló a todos los presentes.

En el Ámsterdam Arena había solamente algunos privilegiados que pudieron acceder a una práctica que el plantel boquense estaba realizando un día antes de enfrentar al Ajax. Vestido con chomba y pantalón de gimnasia del club, levantó una pelota, la dominó, levantó e hizo jueguitos con ambas piernas, hombros y cabeza. Como aquel pibe de la cancha de Atlanta en 1970, fue ovacionado por todos los presentes.

31 DE JULIO DE 1977: GEMELOS

"Fue el segundo gol a los ingleses, nueve años antes", reconoció alguna vez sobre su gol a Huracán por el Metropolitano 1977.

La hinchada quemera estaba sufriendo otra tarde descomunal de Diego, quien abrió el marcador a los nueve minutos y le cedió la ejecución del penal a Bartolo Álvarez para que su equipo sacara dos goles de ventaja en Parque Patricios. Sobre los ocho minutos del complemento, llegó su máxima inspiración, que dejó boquiabiertos a los 7041 presentes en el Palacio Ducó. Carlos Milani realizó el saque de arco y se la entregó para iniciar la apilada histórica. Arrancó desde la medialuna del área de Argentinos para terminar filtrándose entre dos defensores, dejar desparramado a Chocolate Baley y definir suave de zurda ante el cierre del Lobo Carrascosa. "Pasé entre dos, dejé en el piso a Baley, me encontré de frente contra Carrascosa. Nos miramos fijo, hice un amague y definí", recordó Maradona al periodista Pablo González en el programa Sin Cassette, de TyCSports.

AGOSTO

1 DE AGOSTO DE 1904: EL NACIMIENTO DE UNA PASIÓN

Fundación del Napoli, a quien regaló seis años y medio de grandes emociones.

En la casa del inglés William Poths, se sucedieron una serie de reuniones que prosiguieron en la Piazza Latilla y en la Pignasecca, donde vivía el otro propulsor de la idea, Ernesto Bruschini. El Napoles Football Club fue el primer club de la región con raíces netamente napolitanas. En 1921 se fusionó con el Internazionale formando la Associazione Calcio Napoli, que entre 1984 y 1991 disfrutó de su mejor futbolista de todos los tiempos: Diego Armando Maradona.

2 DE AGOSTO DE 1979: CIDADE NÃO MARAVILHOSA

Jugó por primera vez en un Argentina-Brasil. Fue por la Copa América, donde la selección cayó 2-1.

El estadio Maracaná albergó a más de 118.000 torcedores que festejaron cuando Zé Sérgio la empujó a la red con el arco sin Vidallé y el zapatillazo hermoso con tres dedos de Tita. Jugando con excéntrico dorsal número 6, que utilizó en toda esa Copa América, Diego condujo la jugada que terminó con el empate parcial de Hugo Coscia y fue destacado, junto a Daniel Passarella, como los mejores argentinos de aquella derrota que marcó su primer enfrentamiento contra la selección brasileña en mayores.

2 DE AGOSTO DE 1981: DE LA MANO DE SINATRA MARADONA

Pase gol perfecto para que Hugo Perotti definiera el partido del campeonato contra Ferro en la Bombonera.

"Todo nos costó un huevo. ¿Y qué vamos a hacer, lo vamos a regalar? No, no viejo, nos vamos a matar en la cancha. Porque si dejamos la vida, ganamos seguro". Así cerró el Pelusa su monólogo/arenga delante de compañeros con muchos años en primera. En las tribunas, la Bombonera ardiendo. En el campo, maltrecho y poceado, mucha paridad. De esas que se definen por genialidades como la rabona que cayó detrás de Barisio en el primer tiempo o el pase filtrado a Brindisi en el arranque del segundo. Ferro era levemente superior, pero a diez del final, recibió en el círculo central, le puso el chasis a Carlos Arregui y metió ese pase puñalada para que el Mono Perotti definiera por debajo del arquero verdolaga. Gol del campeonato. Gol que desata la mejor avalancha dela historia. Gol que se forjó en la mente "de Sinatra Maradona y una definición del sensacional Perotti", como relató aquella tarde, Víctor Hugo Morales, porque el famoso cantante norteamericano pisaba la Argentina por primera vez. Todo fue felicidad hasta que entró al vestuario y le comentaron que Sarmiento había batido a Argentinos Juniors, complicando la situación de su exclub con el descenso.

3 DE AGOSTO DE 2011: EL JEQUE

Asumió como DT del Al Wasl de Emiratos Árabes Unidos.

La llegada a Dubái estuvo marcada por un recibimiento con todos los honores. Rápidamente se puso en funciones junto a su cuerpo técnico, integrado por Héctor Enrique, Roberto Trotta y el PF Javier Villamitjana. Su primera experiencia como entrenador tras la salida de la selección argentina duró nueve meses, en los que los de camiseta amarrilla perdieron 16 de los 35 partidos que disputaron. Ganaron 14 y empataron los restantes cinco.

4 DE AGOSTO DE 1982: LA BARCELONETA

Convirtió un gol de penal en la goleada amistosa frente al Meppen de Alemania, en lo que fueron sus primeros movimientos con la camiseta del Barcelona.

Un rival sin demasiada entidad, pero una atracción irresistible para los alemanes que colmaron el pequeño estadio de la ciudad de Papendal para verlo. “Pienso que he entrado con buen pie. En sí, para mí, más que el partido, era importante el jugar con mis nuevos compañeros y entré bien”, declaró al terminar el juego donde, en 45 minutos, mostró su habitual precisión para meter pases impensados o construir paredes con sus compañeros de ataque. Coronó su bautismo blaugrana con un gol de penal.

5 DE AGOSTO DE 1993: CRÍA CUERVOS

Por insistencia de Héctor Veira, entonces entrenador azulgrana, San Lorenzo compitió por conseguir su pase tras el regreso de Europa.

“Vino el Bambino y me dijo si quería jugar en San Lorenzo. Le dije que sí, que con él iba a cualquier lado”, confesó Diego aquella vez. El técnico, ante esta respuesta del 10 y sin dudarlo, decidió ir a visitarlo junto con el presidente de la institución azulgrana, Fernando Miele. Marcos Franchi, en aquel momento su representante, y Miele fueron puliendo el contrato hasta llegar a un acuerdo entrada la madrugada. “Me fui a dormir siendo jugador de San Lorenzo. A primeras horas de la mañana, estaba por salir para la casa de Miele a firmar el contrato cuando me llama Franchi diciéndome que el presidente había cambiado un par de cosas que no iban”, deslizó Diego. Maradona quería tener a Veira como DT durante todo el transcurso de su contrato en San Lorenzo: “No era por guita, yo quería asegurar la continuidad del Bambi”. Del lado del club de Boedo, tampoco había un convencimiento pleno del presidente para concretar la operación.

6 DE AGOSTO DE 1981: EL ORO Y EL BARRO

Se realizó la recordada sesión de fotos donde aparece embarrado junto a Hugo Orlando Gatti y Miguel Ángel Brindisi.

Los clics de las viejas cámaras profesionales disparaban sin parar. Diego, Miguelito y el Loco, embarrados de pies a cabeza, participaban de la producción ideada por El Gráfico al terminar un entrenamiento en La Candela, el predio donde entrenaba y dormía aquel campeón de 1981. La derrota contra Central, sucedida tres días después, abortó la publicación de las fotos en la edición semanal. Por lo tanto, el material quedó en parrilla y formó parte de El libro de Boca campeón, lanzado por la revista días después de la consagración contra Racing Club. En la actualidad, las fotos del terceto son las que más simbolizan aquel torneo inolvidable para la gente de Boca.

7 DE AGOSTO DE 1996: VÍA CRUCIS

Falló su quinto penal consecutivo durante el torneo Clausura en la derrota de Boca 1-0 contra Racing donde se perdieron todas las chances de salir campeón.

A pocos minutos del final, ese trámite de ida y vuelta sin goles se rompió todo. El Piojo López definió alto y al primer palo, haciendo estallar al Cilindro de Avellaneda. Boca buscó el empate hasta que Juan Sebastián Verón fue derribado en el área. El empate mucho no servía, pero para Diego era el momento de cortar una nefasta racha de cuatro penales consecutivos errados. Pateó fuerte a media altura junto a un palo, pero las manos de Nacho González rechazaron el remate. La decepción xeneize fue total, aumentada por un tiro que pegó en el travesaño en el minuto final.

8 DE AGOSTO DE 1979: GOL DE AMÉRICA

Conquistó su primer gol jugando competencias oficiales con la selección en Argentina 3-Bolivia 0 por la Copa América.

La victoria era una obligación en aquella noche de Liniers. Al partido lo abrió Daniel Passarella con un remate fortísimo al ángulo, lo liquidó Jorge Gáspari y lo cerró Diego, gracias a un zurdazo desde adelante del punto del penal, a los 20 minutos del segundo tiempo. Los bolivianos habían ganado los dos partidos en La Paz, por lo cual la Argentina tenía la obligación de ganar el último partido como local ante los brasileños, que finalizó empatado 2-2 y donde el 10 no participó.

8 DE AGOSTO DE 1986: WEMBLEY LIVE

Jugó un amistoso organizado para celebrar el centenario de la Federación Inglesa de Fútbol junto a otras estrellas del fútbol mundial.

La catedral del fútbol lo recibió hostil porque los hinchas ingleses querían hacerle sentir su bronca por aquella “mano de Dios”. Cada intervención tuvo de fondo un constante abucheo, más allá de muchos destellos propios de su categoría que recién conquistaron al público presente sobre el final del amistoso: “Me voy muy dolido por el trato que me dieron los aficionados ingleses. Cuando dudaban de si estaría presente, aquí vine a jugar”. “El Partido del Siglo”, lo denominaron los medios locales por la cantidad de figuras que se convocaron además de Diego: Michel Platini, Gary Lineker, Paulo Futre, Preben Elkjaer-Larsen, entre otros, además de la presencia de Pelé, con quien el 10 compartió un abrazo antes de empezar.

9 DE AGOSTO DE 1978: PESADILLA I

Convirtió su primer gol oficial a River Plate, en la victoria de Argentinos 2-1.

El empate de River, conseguido por Héctor Sosa, no coincidía con lo visto en el Gasómetro. Por eso, faltando nueve minutos, apareció Diego de sorpresa y gritó por primera vez ante una camiseta grande, aunque, como el plantel se encontraba en una gira por Europa, había un equipo repleto de suplentes.

9 DE AGOSTO DE 1981: EL CIELO PUEDE ESPERAR

Falló el penal ante Rosario Central que habría consagrado a Boca como campeón del Metropolitano.

Toda la expectativa que desbordó el Gigante de Arroyito de hinchas xeneizes se pulverizó en dos jugadas. Jorge García convirtió el gol de Central no bien iniciado el segundo tiempo. A catorce minutos del

final, Diego estrelló un penal en el travesaño, que significaba el punto necesario para dar la vuelta olímpica esa misma tarde y festejarlo con sus viejos; pero recién la decepción se cortó cuando desde la radio anunciaron un impensado empate de Huracán ante Ferro en Caballito, luego de ir perdiendo 3-0. El título estaba a un paso.

10 DE AGOSTO DE 1980: LOS SIETE MAGNÍFICOS

En el tramo final del Metropolitano, encadenó una racha fantástica de siete goles en tres partidos.

El 4 de agosto convirtió un doblete frente a Newell's, cuando empataron 3-3. El tercero para lograr el empate transitorio en la derrota 2-1 ante Unión. Por último, le sumó un doblete en el segundo tiempo para dar vuelta el 1-0 inicial de Quilmes.

11 DE AGOSTO DE 1996: PUNTOS SUSPENSIVOS

Cerró su segundo ciclo en Boca luego de la derrota 2-1 contra Estudiantes.

"Me quisieron medir la carrera por errar un penal y eso no va... Apenas erré el de Racing, escuché murmullos, algo raro y dije chau... por lo pronto me voy de Boca, no significa el retiro". De esta forma, ponía dos vueltas de llave a un año que arrancó con muchas emociones, pero terminó sin la gloria deportiva con la que todos los xeneizes habían soñado cuando regresó, cuando en ambos torneos locales se esfumó la ilusión de la vuelta olímpica sobre el final.

12 DE AGOSTO DE 1986: TU ERES LA VOZ

Grabó, junto al dúo Pimpinela, los coros de la canción "Querida amiga" para el disco.

"En dos tomas grabó todo", relató sorprendido el dueño de los estudios Panda, Miguel Krochik, a la revista Viva, cuando recordó su participación en los coros de la canción que Pimpinela popularizó dos años después en el disco El duende azul. Además se editó un single con la canción, cuyas ventas fueron donadas a Unicef, del cual Diego era embajador en aquel momento.

13 DE AGOSTO DE 2000: EL CIBERNÉTICO

Lanzó su primer sitio personal en internet contratado por la firma dodici.com.

En el nacimiento del mundo internet, cada protagonista fue teniendo su propio espacio para brindar información de primera mano, o bien subir fotos propias. Diego tuvo la suya a partir de su convenio comercial con la compañía Dodici, que invitaba a los internautas a navegar por el sitio con videos y fotos inéditas del astro.

14 DE AGOSTO DE 1975: PRESERVADO

Estuvo a punto de jugar su primer partido en primera división la noche que River Plate rompió su racha de 18 años sin campeonatos, pero a último momento decidieron que participaran juveniles de categorías superiores.

La huelga de futbolistas profesionales puso en jaque el final del Metropolitano 1975. En especial para River Plate, que pretendía asegurar el campeonato que le estaba costando 18 años conseguir. Argentinos Juniors aparecía en su camino y, entre tantos juveniles, alguien puso sobre la mesa el de Diego Armando Maradona. Aquel año fue la grabación de la mítica nota televisiva donde el Pelusa declaró entusiasmado: "Mis sueños son dos. Mi primer sueño es jugar en el Mundial, y el segundo es salir campeón de octava y lo que siga en el campeonato este con Argentinos".

15 DE AGOSTO DE 1904: EL SEMILLERO DEL MUNDO

Fundación de la Asociación Atlética Argentinos Juniors, el club donde se forjó como futbolista.

Humildad, compromiso y solidaridad fueron los preceptos innegociables que aplicaron los fundadores. El esfuerzo cotidiano los hizo trascender para formar una institución que fue orgullo para toda

la barriada. De orígenes obreros, socialistas y anarquistas, Argentinos Juniors eligió el blanco de la solidaridad junto al rojo de la pasión y las convicciones. Esta fue la casa donde Diego Armando Maradona desembarcó en los inicios de la década del 70 para proyectar su fútbol a lo más alto del mundo.

15 DE AGOSTO DE 1979: CHICOS AL ROJO VIVO

Un amistoso jugado en Vélez entre Argentinos y Talleres reunió con la camiseta del Bicho a Diego, Bochini y Gatti.

El motivo fue celebrar los primeros 75 años de Argentinos Juniors jugando un amistoso ante Talleres de Córdoba en cancha de Vélez. Para que la fiesta fuera completa, tuvo dos refuerzos de lujo: Ricardo Bochini y Hugo Gatti, que fueron Bichos por una noche y compartieron equipo con Diego por primera vez. El partido finalizó 5-4 en favor del homenajeado, con dos goles conquistados por el Pelusa mediante sendos tiros penales durante la primera etapa y uno de Bochini sobre los 12 minutos del complemento.

15 DE AGOSTO DE 1981: NOS DESGARRAMOS DE PLACER

Se consagra campeón del torneo Metropolitano con Boca Juniors, único título que consiguió en la Argentina, a nivel clubes.

Aún sentía el golpe por el penal errado en Rosario. Tanto Claudia como el resto del entorno familiar fueron determinantes para que afrontara de la mejor manera el decisivo choque frente a Racing Club. Sobre los 41 minutos del primer tiempo, buscó y logró la falta de Alberto Vivalda para cambiar ese penal por gol. “La soltó como la lágrima del 22 de febrero”, graficó Víctor Hugo Morales. La pelota esta vez no tomó ningún sentido desconocido. Mansa y tranquila, entró rasante por el palo derecho del arco del Riachuelo. Después de un complemento interminable, soltó todos los festejos contenidos, primero en andas de los fanáticos boquenses y luego dando la vuelta olímpica junto a su hermano Lalo, mirando hacia el sector donde don Diego y doña Tota veían a su Pelusa hacer realidad su sueño de campeón.

16 DE AGOSTO DE 1997: UN TERCETO PECULIAR

Producción de tapa y nota interior junto al Bambino Veira y Claudio Caniggia soñando el Boca que se venía.

"Falta Michael Jackson y estamos todos, jaja", soltó un muy feliz Héctor Veira frente a su máximo deseo desde que había asumido como DT de Boca: contar en su plantel con Claudio Caniggia y Diego Maradona. Durante la nota, se lo notó al 10 con las ganas renovadas, entusiasmado, prestándose a fotos donde aparecía tirado en una cama "soñando" con otra vuelta olímpica y muchas ansias de cerrar, como si hiciera falta, su carrera al más alto nivel.

17 DE AGOSTO DE 2013: EL ARENGADOR

Por pedido de su abogado de entonces, Víctor Stinfale, que gerenciaba al Deportivo Riestra, pasó por el último entrenamiento antes del debut en la temporada para motivar al plantel.

Su función principal fue una especie de "inflador anímico" dentro de su nutrida agenda de aquel momento como embajador deportivo de Dubái. Diego acompañó al equipo en algunos entrenamientos y partidos, siempre apoyando desde la tribuna sin ninguna injerencia en la formación titular que paraba el técnico, Guillermo "Búfalo" Szeszurak. Riestra ascendió a la C y a la B metropolitana en las dos temporadas siguientes.

18 DE AGOSTO DE 1997: DOS 10

En un partido amistoso correspondiente a la Copa de Invierno, Boca cayó 3-2 ante Universidad Católica. Por primera vez, compartió terreno de juego con Juan Román Riquelme.

Los sueños del Bambino de tenerlos juntos a Maradona y Caniggia debió postergarse por un tema de derechos televisivos, dado que a la Copa de Invierno la televisó Canal 13 y Claudio Caniggia tenía exclusividad con la pantalla de América. Sin embargo, el amistoso que despertó gran expectativa quedó en los libros de historia porque fue la primera de las dos veces que Diego compartió cancha con Juan Román Riquelme. En el partido que terminó con victoria 3-2 de la

Universidad Católica, el 10 pintó una jugada fantástica en el primer tiempo: se deshizo de Jaime Pizarro, haciéndole un bonito sombrero en el origen de una jugada que finalizó en un penal que disparó Rambert y fue contenido por Alex Varas. Veira siguió clamando por refuerzos para armar su dream team.

19 DE AGOSTO DE 1984: DEBUT A LA NAPOLITANA

Presentación con la camiseta del Napoli ante River Plate. Una multitud que llenó el San Paolo vio un aburrido juego de pretemporada que terminó 0-0.

"Fue emocionante ver a 60.000 espectadores corear mi nombre", manifestó Maradona luego del partido donde, si bien Napoli dispuso de unas pocas situaciones claras para sacar ventaja, predominó la intrascendencia que fue calificada con muy baja nota por los medios italianos y criticada por los tifosi que completaron el San Paolo. Su actuación tampoco se salvó del desaprobado, aunque para el público resultó uno de los mejores valores. Compartió ataque con Bertoni y Penzo, mientras que los millonarios alistaron a sus ídolos, Enzo Francescoli y Norberto Alonso. "Jugamos cuatro amistosos en seis días y eso se notó físicamente", agregó el 10, que durante el partido fue controlado por una sacrificada marca de su amigo, Américo Rubén Gallego.

20 DE AGOSTO DE 1986: BIENVENIDO, CAMPEÓN DEL MUNDO

Tras consagrarse campeón del mundo, comenzó la temporada napolitana con triunfo amistoso 1-0 ante Botafogo de Brasil.

Pleno Ferragosto en Nápoles. Esto se traduce en calles vacías, multitudes cruzando en ferries a las islas cercanas y temperaturas sofocantes. Sin embargo, la tardecita de aquel día, la atracción fue el estadio San Paolo porque Diego volvía a vestirse de jugador del Napoli luego de alcanzar el máximo cetro mundial. Muchos de los 60.000 presentes agitaron una bandera que se vendió en las adyacencias, que decía: "Napule tre cose tene e belle: o' golfo, o' Vesubio e' Maradona", además de venerar al astro, quien ingresó a jugar aquel amistoso ante el Fogão mostrando una sonrisa ancha, motivado y feliz. Andrea Carnevale marcó el único gol de aquella noche de reencuentro.

21 DE AGOSTO DE 1973: ESTOS PIBES LA ROMPEN

Primera nota de la revista El Gráfico sobre Los Cebollitas, donde se encomilló su primera declaración periodística.

Las cartas de lectores de El Gráfico se iban multiplicando en solicitudes para que la revista hiciera una nota sobre un equipo de fútbol barrial que aplastaba a los rivales. Entonces, la cúpula de la redacción ordenó mandar a un periodista y fotógrafo a una jornada sabatina en el predio "Malvinas Argentinas". Horacio del Prado no paraba de tomar apuntes. Oscar Prego apretaba el clic sin parar. Titularon a doble página en la edición 2811: "Estos pibes la rompen" y publicaron una declaración de un tal Dieguito: "Tengo doce años. Estoy en séptimo. Soy correntino (sic), pero vivo en Fiorito desde los nueve. Mis compañeros también juegan bien…".

22 DE AGOSTO DE 1981: VUELA, VUELA

Gran apilada y toque para que Ramón Díaz convirtiera en el amistoso de la selección argentina frente a Valencia.

Fue la jugada que abrió el partido. Antes y después, la selección campeona del mundo chocó en Mestalla contra un rival atrevido en el primer tiempo, que controló el mediocampo con titánica labor de del danés Arnesen y Daniel Solsona. En el complemento, los albicelestes tomaron el control del juego y a los 10 minutos Diego dominó la pelota en medio campo propio, avanzó escapando rivales, se plantó en el área rival y, tras amagar al arquero local Sempere, cedió la pelota a Ramón Díaz, que, desmarcado, la empujó al gol. El final del partido dejó un resultado corto, pero bien la imagen de la jugada fantástica que silenció a la multitud valenciana.

22 DE AGOSTO DE 1984: ROSCA DE BAUTISMO

Primer gol oficial con la camiseta del Napoli frente a Arezzo por la Copa Italia.

¿Quién podría llenar el San Paolo en una primera fase de Copa Italia frente a un rival menor? El Napoli con Maradona luciendo la 10, obviamente. Pocos minutos de iniciado el partido de ida. El tiro libre desde la posición perfecta, corrió, la midió y roscazo de zurda al palo izquierdo del arquero. Así rompió el cero su equipo y calló todos los murmullos del partido presentación ante River Plate. Su nueva etapa futbolística estaba en marcha.

23 DE AGOSTO DE 1993: BARRAS BOBAS

La empresa Torneos y Competencias desembarcó en Argentinos Juniors para gerenciar el fútbol del club y su primer objetivo fue la vuelta de Diego.

Su regreso al fútbol argentino, tras no concretarse el interés de Héctor Veira para llevarlo a San Lorenzo, quedó encaminado para que la empresa que llevaría al equipo de La Paternal a jugar de local a la provincia de Mendoza durante la temporada 1993-1994 lo anunciara como el gran refuerzo estrella del proyecto. Sin embargo, cuando todo avanzaba, la posibilidad se frenó por dos motivos excluyentes: el primero, la falta de incorporaciones de jerarquía para rodearlo, y el segundo, detonante de todo, un episodio donde los barras bravas del club de La Paternal le pedían 50.000 dólares. Luego de negarse rotundamente, los violentos redoblaron la apuesta: “Entonces, me salieron con que me iban a hacer la vida imposible y yo les contesté que no tenían huevos, les dije de todo. Subí a mi casa y me acosté a dormir la siesta. Al rato, salieron Claudia y las nenas, y los imbéciles seguían ahí abajo: las insultaron, les dijeron de todo, las amenazaron. Aparte, habían escrito en la pared de enfrente: MARADONA CAGÓN. Viejo, yo estaba de acuerdo en poner plata para la bandera y el vino, pero no para que se hagan ricos”. Así se esfumaron las posibilidades del regreso luego de dos semanas repletas de reuniones.

24 DE AGOSTO DE 1997: EL BANQUETE

Primera fecha del Apertura con triunfo 4-2 sobre Argentinos Juniors, gol de penal suyo y único partido oficial al lado de Juan Román Riquelme.

La Bombonera a tope, cuatro goles, uno suyo de penal celebrado con la ñata contra el alambrado, liderazgo para plantarse ante Balín Bennett luego de un patadón a Solano. De un lado Román, del otro Cani, más cerca Latorre. Todo tan 1981 parecía ese inicio de su último trayecto que ilusionaba a todos. La multitud xeneize se unió en un cántico furioso que movió el estadio: "Que de la mano de Maradona, todos la vuelta vamos a dar". Boca venció 4-2 a los bichos colorados mostrando dudas defensivas pero un poder de fuego en ataque. Sin embargo, cuatro días después, desde la AFA cayó el misil del doping positivo y todo se esfumó.

25 DE AGOSTO DE 1982: BRONCE DE GAMPER

Pese a la decepción de todo el público de Barcelona por los resultados y rendimientos, cosechó elogios luego de su participación en la tradicional Copa Joan Gamper.

El empate 1-1 ante Colonia, ocurrido en los 90 minutos, solo dejó en claro que Barcelona había incorporado un verdadero crack. No solo por el gol de cabeza que resultó anecdótico, sino por los encuentros con Bernd Schuster para generar fútbol, en medio de un equipo que basaba su juego en la antigua furia española. Por su idea de gambetear siempre cerca del área aunque se le reclamara hacerlo desde unos metros más atrás. "Maradona me ha convencido", sentenció el presidente blaugrana, José Luis Núñez, en medio de la bronca por el cuarto puesto logrado en la Joan Gamper.

26 DE AGOSTO DE 1979: TIFÓN

Con doblete suyo, la Argentina arrolló 5-0 a Indonesia en el debut del Mundial Juvenil de Japón.

El público presente en el estadio de Omiya le puso color argentino al debut de la selección juvenil de César Luis Menotti. Papelitos,

confites y gritos de "¡Argentina, Argentina!" fueron el marco de un partido donde Diego cumplió una labor descollante, en especial durante los primeros 40 minutos, conquistando dos de los cinco goles convertidos ante el débil representativo asiático. Su socio Ramón Díaz fue el encargado de convertir los otros tres tantos de la noche.

27 DE AGOSTO DE 1986: EL EMPERADOR

Gol fundamental para liquidar el partido de Copa Italia contra la Lazio como visitante.

Napoli había ganado cómodamente su primer partido contra SPAL y en la siguiente parada debía enfrentar a Lazio como visitante, a priori el rival más duro del grupo que completaban Vicenza, Cesena y Taranto. Sobre el cuarto de hora inicial, Carnevale sacó ventajas merced a un cabezazo en soledad desde dentro del área. Tras un penal contenido por Garella, Diego aumentó la diferencia cuando recogió un rebote de su propio cabezazo luego de un córner y sacó un zurdazo casi desde el piso que perforó las redes del cuadro local. Pudo convertir otro gol en aquel primer tiempo, pero fue anulado por posición adelantada luego de una excelente definición.

28 DE AGOSTO DE 1981: PAPELES EN EL VIENTO

Debido a la falta de pago por parte de Boca Juniors, generada por el tipo de cambio del dólar que afectaba al país en aquellos días, la dirigencia de Argentinos decidió rescindir el contrato de venta realizado en febrero.

Mientras Diego estaba afectado a una gira europea con la selección, la noticia tuvo un alto impacto en el país. Boca Juniors había juntado solo el 50% de la cifra acordada de aquella cuota bimensual debido a la modificación en el tipo de cambio del valor del dólar. Esto fue rechazado de plano por la dirigencia de La Paternal. Los directivos xeneizes, pese a la negativa, se ampararon en el contrato firmado, donde estaba claro que hasta junio de 1982 Diego era jugador del club. Mientras Luis Segura, en representación de Argentinos Juniors, declaraba: "Si Boca no pudo afrontar la primera cuota, creo que les será complicado pagar las demás", Juan Carlos Rinaldi, en nombre de Boca pensaba muy distinto: "La recisión del contrato corre solo por cuenta de ellos. Seguiremos con nuestra oferta, que consideramos suficiente para seguir negociando por el resto y utilizar los servicios de Maradona sin tener que definir el caso en Tribunales".

29 DE AGOSTO DE 1981: BAJO EL SOL DE TOSCANA

Doblete y excepcional actuación durante el segundo tiempo del 5-3 de la selección argentina contra Fiorentina.

La gira de amistosos de la selección argentina ante diferentes clubes europeos seguía entregando sorpresas por la oposición que planteaban esos equipos. La Fiorentina, en un estadio Communale repleto, festejaba el 3-1 sobre el cuarto de hora del segundo tiempo, hasta que el penal ejecutado por Daniel Passarella achicó diferencias y Barbas igualóminutos después. Diego entró en faceta arrolladora conquistando dos tantos consecutivos. En el primero, recibió por izquierda cerca de la raya de fondo, enganchó y sacó un misil de zurda alto. En el segundo, luego del pase de Barbas, se hizo el lugar justo para sacar otro zurdazo rasante que liquidó aquel entretenido amistoso y provocó una ovación generalizada del público presente.

30 DE AGOSTO DE 1979: POLKA DE MI VIDA

Conquistó el primer tanto de la goleada 4-1 ante Polonia, donde se aseguró la clasificación para cuartos de final del Mundial Juvenil de Japón.

El triunfo sufrido ante Yugoslavia había dejado lecciones, por lo que en aquel partido contra los polacos había que demostrar la chapa de gran candidato que se tenía. Diego abrió el marcador antes de los diez minutos gracias a un tiro libre que dibujó un chanfle en forma de S. Luego se usufructuaron tres errores groseros de la defensa rival para redondear el 4-1 que impulsaba a soñar con los millones de argentinos que madrugaban del otro lado del mundo para ver a los juveniles comandados por el número 10.

31 DE AGOSTO DE 1977: DESDE EL ARRANQUE

Primer partido como titular en la selección argentina contra Paraguay como visitante.

El partido correspondió a una edición de la Copa Félix Bogado. En la Bombonera, la Argentina derrotó 2-0 a la albirroja con doblete de Leopoldo Luque, y Diego ingresó a los 15 minutos del segundo tiempo por Julio Ricardo Villa. Una semana más tarde, se jugó la revancha en el Defensores del Chaco, donde los locales vencieron 2-0 y forzaron los tiros desde el punto del penal imponiéndose 3-1. Esa noche fue su primer partido como titular de la selección argentina y disputó los 90 minutos. Baley; Carrascosa, Killer, Olguín y Tarantini; Ardiles, Gallego y Maradona; Bertoni, Roldán y Houseman fueron los once titulares del Flaco Menotti.

31 DE AGOSTO DE 1980: 25 ESTRELLAS DE ORO

Finaliza el torneo Metropolitano que lo consagró goleador absoluto con 25 goles.

Su primer tanto, allá por el 10 de febrero frente a Independiente, fue una continuidad a la costumbre de romper redes de sus tres años completos en primera. En aquel torneo, donde bajo su influencia Argentinos Juniors logró el primer subcampeonato de su historia, convirtió siete dobletes y sometió a los cinco grandes: dos goles a River y San Lorenzo, y un tanto frente a Boca, Independiente y Racing. Cabe destacar que de los 25 goles señalados solo tres fueron de tiro penal.

SEPTIEMBRE

1 DE SEPTIEMBRE DE 1990: SUPERNAPOLI

Último título con la camiseta del Napoli conseguido tras la goleada 5-1 ante la Juventus por la Supercopa Italiana.

Un San Paolo repleto, que no sabía del inicio de la última temporada de Maradona en el sur. Enfrente, la Juventus del tridente Baggio, Casiraghi y Totó Schillaci. En 20 minutos, sorprendieron Silenzi y Careca para que el Napoli sacara ventaja de dos goles. Roby Baggio logró descontar mediante un magnífico tiro libre, pero Diego frotó la lámpara y puso el tercero en los pies de Crippa. Tras cartón, aumentó Andrea Silenzi para que el estadio sea un delirio desbordante con ese 4 a 1 totalmente impensado. El globo de Careca sobre Tacconi cerró la goleada y el pedido del arquero de la Vecchia Signora al 10 para que su equipo bajara el ritmo calmó una Supercopa intensa. Gran noche napolitana para el recuerdo.

1 DE SEPTIEMBRE DE 2014: LA GUERRA Y LA PAZ

Pase de cuchara para Roberto Baggio en el partido por La Paz jugado en el Olímpico de Roma.

Fue la perla de la noche donde muchas leyendas del fútbol mundial se juntaron en Roma convocados por el papa Francisco abogando por la paz entre Israel y Gaza. Sobre el final del primer tiempo, entre los equipos denominados Scholas y PUPI, recibió cerca del área y,

atento al pique al vacío de Roby Baggio, le puso un pase con sello maradoniano para que el Divino definiera. También puso otra pelota magnífica para Juan Manuel Iturbe.

2 DE SEPTIEMBRE DE 1979: EL SAMURÁI DE TOKIO

Convirtió el gol que abrió la goleada contra Argelia por los cuartos de final del Mundial Juvenil.

Ellos revolucionaron Oriente desde la cancha y la Argentina, desde el televisor. El choque de cuartos contra Argelia pintaba para otra exhibición y él se encargó de abrir la puerta para ir a jugar, con un golazo a los 25 minutos del primer tiempo. Luego Calderón y una tripleta del Pelado Díaz sentenciaron el 5-0 que otorgó el pase a semifinales contra Uruguay.

3 DE SEPTIEMBRE DE 1996: NO VUELVAS SIN RAZÓN

Mientras realizaba un trabajo de relajamiento y desintoxicación en Suiza, se sucedían las reuniones para definir su futuro futbolístico.

"Puedo volver a Boca mañana, en dos meses o nunca", declaró antes de iniciar sus rutinas establecidas en una residencia del cantón de Berna donde, bajo el cuidado del doctor Harutyun Van, recibía diferentes productos medicinales. Paralelamente, en oficinas de Buenos Aires, gente de la empresa multimedia América, Guillermo Coppola y dirigentes de Boca buscaban delinear el futuro: "Maradona, difícilmente vuelva a Boca... Es cierto que tiene una oferta de Banfield. ¿Si podría jugar ahí? Aunque la única oferta millonaria la hicieron desde Japón, todo puede ser, el mercado está abierto...", declaró su representante de aquel momento.

4 DE SEPTIEMBRE DE 1979: DE CABEZA A LA FINAL

Golazo de cabeza y clasificación a la final del Mundial Juvenil en el triunfo 2-0 contra Uruguay.

El clásico rioplatense mudado al Nacional de Tokio presentaba a los dos mejores equipos de la competición enfrentados por un lugar en la gran final. Sin embargo, el partido mostró mucha fricción, rudeza y el poco fútbol visto fue aportado por sus incontenibles gambetas en velocidad, una de ellas que terminó en claro penal no sancionado. Todo se abrió cuando Ramón Díaz forzó el error en la salida uruguaya y convirtió el primero. La lluvia caía mansa sobre el césped en ese contragolpe mortal que terminó en su cabezazo goleador por el segundo palo. Felicidad plena para todos los pibes y festejo desatado en todo el país.

5 DE SEPTIEMBRE DE 1993: LE HE PEDIDO TANTO A DIOS

Finalizado el catastrófico 5-0 de la selección argentina contra Colombia, todo el Monumental se unió en un solo pedido: "Maradona, volvé".

Fue como un espectador más a la San Martín baja, donde alentó y se amargó con el resultado final. Después de los mil amagues de Asprilla, de la fortaleza de Rincón, del fútbol inagotable del Pibe Valderrama, todo el estadio pidió por él, que aún no había definido la camiseta con la que jugaría en la temporada que se iniciaba. En la salida, caminando hasta su departamento, ubicado a diez cuadras del Monumental, el ruego ya se hizo mucho más masivo y directo. Dos días después, la bravuconada de Sanfilippo contra Sergio Goycochea en el programa de Bernardo Neustadt fue el combustible motivacional que necesitaba para abrir la puerta del regreso. La selección estaba en el horizonte de Maradona.

6 DE SEPTIEMBRE DE 2012: LA CONQUISTA DEL DESIERTO

Fue nombrado embajador deportivo de los Emiratos Árabes.

Luego de finalizar su ciclo como entrenador del Al Wasl, fue nombrado Embajador Deportivo a través de un convenio firmado con el Consejo de Deportes de Dubái para el desarrollo del deporte en el Interior y la promoción del fútbol dubaití en el exterior. "El Consejo de Deportes y yo discutimos algunas ideas respecto a lo que debería hacerse próximamente en el ámbito de los deportes para descubrir nuevos talentos en la próxima generación de atletas locales. Este

fue mi mayor incentivo para aceptar esta misión", contó Diego en conferencia de prensa.

7 DE SEPTIEMBRE DE 1979: GRANDE EN JAPÓN

Campeón mundial juvenil en Tokio tras vencer 3-1 a la Unión Soviética con gol suyo de tiro libre.

"Esto es para vos, mamá", gritaba el Pelusa en el pasto sagrado del Nacional de Tokio cuando José Ramiz Wright pitó el final. La gloria lo abrazaba por primera vez en su carrera luego de 90 minutos durísimos, donde el rival cortaba todos los circuitos de juego y logró ponerse rápido en ventaja gracias al tanto de Ponomarev. Diego no podía encontrar espacios, el tucumano Meza, que sustituyó a Osvaldo Rinaldi, resultó clave por su desenfado para encarar a la muralla rusa. No bien pasada la media hora del complemento, Hugo Alves empató de penal, minutos después Ramón Díaz corrió al gol y, sobre el final, la pincelada del Maestro Mayor: tiro libre al borde de la medialuna y gol exquisito del 10 para firmar un campeonato inolvidable que quedó para siempre en la historia del fútbol argentino y en su carrera con el Balón de Oro al mejor jugador y Botín de Plata al segundo goleador, detrás de su compadre, Ramón Díaz.

8 DE SEPTIEMBRE DE 1981: YA VENDRÁN MÁS AEROPUERTOS

Golazo de tiro libre en el San Siro ante Milan por un amistoso.

Luego de su gira con la selección argentina, Diego permaneció en Europa porque se iniciaba el periplo boquense por esas tierras. Derrota ante Zaragoza (2-0), triunfo contra París Saint Germain (2-1) y el cierre ante el rossonero, que había sacado ventaja por intermedio de Mandressi. Sobre el final del primer tiempo, Maradona clavó un tiro libre de zurda que se metió alto, por el medio del arco, luego de rozar una cabeza en la barrera. En el complemento, Miguel Brindisi estableció la ventaja definitiva. Tras el regreso a Buenos Aires y el partido del Nacional frente a Unión, la gira recaudatoria terminó en Río de Janeiro perdiendo ante Flamengo (2-0).

9 DE SEPTIEMBRE DE 1990: ÚLTIMA VUELTA

Inició su última temporada en el Napoli como flamante campeón del scudetto y de la Supercopa.

Fecha uno de la Serie A 90-91 sobre la costa del Adriático ante el Lecce de su amigo Pedro Pasculli, dirigido por el histórico polaco Zbigniew Boniek. Los celestes buscaron ser protagonistas y asustaron con un gran tiro libre suyo que raspó uno de los palos. Con el ingreso de Mazinho, los locales tuvieron el manejo del partido; generaron situaciones mientras el Napoli tuvo solo una clara en los pies de Diego, que dentro del área chica no pudo dominar la pelota. Final 0-0 en la Via del Mare.

9 DE SEPTIEMBRE DE 1993: SOY DE ÑUBEL

En los primeros minutos de aquel día, se acordó su llegada a Newell's Old Boys de Rosario.

"¿Sabe quién puede revolucionar esto? Maradona". Diálogo en soledad entre Ricardo Giusti y Juan José Cattáneo, presidente de la Lepra, en un desolado estadio tras un incoloro empate amistoso ante Cerro Corá de Paraguay. Una semana después, Jorge "Indio" Solari, entrenador del club, fue a su encuentro a mostrar las cartas. "El Indio llenó mi casa de fútbol", dijo Diego tras aquella reunión, y abría la ilusión de la mitad rojinegra de Rosario. El 8 de septiembre, Julio Grondona advirtió a Marcos Franchi que quedaban 36 horas para solicitar el pase internacional. "Yo creo que estaría mejor en Newell's", respondió el 10 ante la pregunta/presión del representante. Y así fue nomás. "Solo dos veces mi mujer me despertó antes de las diez de la mañana: una fue cuando me dijo: 'Invadieron las Malvinas'. Y la otra: 'Diego firmó para Newell's'. Dos catástrofes". Así graficó el Negro Fontanarrosa cuál fue el sentimiento del hincha de Central cuando se confirmó.

10 DE SEPTIEMBRE DE 2018: DORADO

Presentación oficial como entrenador de Dorados de Sinaloa.

"Pasé mucho tiempo sin trabajar, perdí mucho tiempo haciendo cosas feas y hoy quiero darle algo nuevo a Dorados. Asumo esta responsabilidad como quien tiene un hijo en sus brazos", dijo Maradona tras su presentación ante más de un centenar de periodistas. "Vine a trabajar y a dejarles mi corazón. Necesitamos que la gente esté con nosotros; si la gente está con nosotros más lo que yo les pueda inyectar anímicamente a los muchachos, Dorados va a ser bravo", apuntó el Pelusa. El debut, una semana más tarde con victoria 4-1 frente a Cafetaleros de Tapachula, fue seguida con singular expectativa desde todo el mundo solo por su presencia, que se reflejó a lo largo del partido gracias a la innovadora "Diego Cam", que lo siguió en exclusiva los 90 minutos.

11 DE SEPTIEMBRE DE 1982: EL MAESTRO DEL CAMP NOU

Primer gol anotado en el Camp Nou con la camiseta de Barcelona en la goleada 3-0 ante Valladolid.

Luego del comienzo con derrota en Valencia, toda la afición blaugrana estaba pendiente de la reacción de su joya para revertir el mal paso. Y Diego cumplió con mucha inspiración y juego profundo sumado a su primer grito en casa cuando, a los 42 del primer tiempo, batió de tiro penal a su compatriota Fenoy. Su participación en los otros dos goles también resultó fundamental: en el primero, escapada por izquierda y centro para el tanto de Marcos, mientras que el tercero, convertido por Pachi Alonso, nació de una extraordinaria gambeta en velocidad por derecha.

12 DE SEPTIEMBRE DE 1978: SOY DE BOCA DESDE LA CUNA

Sorprendente sesión de fotos, con tapa incluida, de la revista Goles, vestido de jugador de Boca Juniors.

"¡Cómo no me va a gustar jugar con la azul y oro!", tituló Goles aquella nota a doble página ilustrada con imágenes y declaraciones del Pelusa en modo xeneize. Días antes, el presidente de Boca, Alberto J. Armando, había asegurado: "Tarde o temprano, Maradona jugará en Boca", lo cual provocó el enojo de sus pares de Argentinos. "Ha sido una falta de ética, han conversado con el jugador pasando por encima del club", bramaba Cónsoli. Mientras tanto, Diego repetía: "Me queda bien, ¿no? ¿Cómo no va a gustarme jugar con la de Boca?". Sus fotos posando con la camiseta boquense dentro del zaguán de su casa de Villa del Parque quedaron para la historia.

13 DE SEPTIEMBRE DE 1993: CORRE, CORAZÓN

Impactante recibimiento en el estadio del Parque Independencia cuando fue presentado como jugador de Newell's Old Boys.

La procesión rojinegra sitió el Parque Independencia. A las 17.37 de un lunes laborable, cuando Maradona asomó por la manga y pisó el césped del estadio leproso, había alrededor de él 30.000 almas unidas por la incredulidad de ver al mejor de todos los tiempos vestido con sus colores. El "Maradó, Maradoo" atronó bien fuerte, mucho más cuando el Indio Solari y sus compañeros lo hicieron volar lanzado una y otra vez, demostrando la felicidad de los sueños cumplidos. "Los barras de Argentinos putearon a la Claudia, me mangaron plata que no sé quién les habrá prometido. Que se jodan: ¡me voy a Newell's! Y me fui, por menos plata, me fui. Pero me sirvió, me sirvió, porque fue una cosa sensacional lo de Newell's", contó tiempo después. El domingo siguiente presenció el clásico rosarino de la segunda fecha, donde gritó desaforadamente el gol del empate conquistado por Iván Gabrich.

14 DE SEPTIEMBRE DE 1980: CENTENARIO

Tripleta ante San Lorenzo de Mar del Plata para alcanzar su gol oficial número 100.

"Diego tiene el virus del gol", tituló El Gráfico la nota sobre ese apabullante 6-0 ante los marplatenses en un embarrado y poceado terreno de La Paternal que no fue impedimento para brindar sus recitales de creatividad, desequilibrio y contundencia. Aquella tarde, en Juan Agustín García y Boyacá, los numerólogos estaban con la libreta en la mano porque le registraban 98 goles. El rival aguantó más de un tiempo hasta otra aparición fantasmal del Pelusa, quien en off side puso el 1-0. Ese gol soltó el vendaval del cuadro del Zurdo López, y principalmente de su número 10, quien convirtió dos tantos

más en siete minutos. El 100 fue un zurdazo dentro del área ante el cierre desesperado de dos defensores y el 101, un chanfle al ángulo que dejó sin asunto al guardameta sanlorencista, Carlos Rodríguez.

14 DE SEPTIEMBRE DE 1997: LA ÚLTIMA CARICIA

Último gol de su carrera profesional. Fue de penal ante Newell's por la tercera fecha del Apertura.

Misma camiseta, misma Bombonera, mismo arco, y la puso en el mismo lugar que aquel 22 de febrero contra Chocolate Baley. Su amigo Sergio Goycochea enfrente, gesto adusto antes de patear. Lo gritó como liberando tantas tensiones sufridas desde su doping positivo y la medida cautelar sin precedentes del juez Claudio Bonadio para que pudiera jugar aun suspendido. Su conteo de arcos rotos se cortó aquella primaveral tarde del barrio de La Boca con ese gol que abrió la tarde de victoria de su equipo por 2-1.

15 DE SEPTIEMBRE DE 1982: LA TROMBA

Aplastante 8-0 del Barcelona, con tripleta suya, al Apollon Limmassol de Chipre por la Recopa Europea.

Aquella noche, cuando debutó en copas europeas, tuvo relampagueantes apariciones que se transformaron en tres goles para triturar al débil elenco chipriota. El primero de cabeza, luego de una gentileza de Schuster; el segundo, a puro lujo, en combinación con el volante alemán y Marcos que levantó la ovación de todo el estadio, mientras que el tercero fue uno de sus perfectos tiros libres. "El tándem Maradona -Schuster hace maravillas", comentaba feliz, Udo Lattek, el entrenador culé.

16 DE SEPTIEMBRE DE 1984: VERONA SIN ROMEO

Debut absoluto en la Serie A con derrota inapelable 3-1 frente a Verona (futuro campeón) como visitante.

Todos los ojos del mundo estaban puestos en su primer partido por la entonces muy cotizada Liga Italiana. Muchos tifosi napolitanos cruzaron la península para estar presentes en un día histórico que terminó en amargura. Hans-Peter Briegel fue el carcelero que ajustó candados por los espacios donde el 10 iba a desequilibrar, utilizando la marca pegajosa a lo largo de los 90 minutos. El propio alemán convirtió el primer gol de la tarde mediante un golpe de cabeza, ventaja que aumentaron Galderisi y Di Gennaro. "Los jugadores del Verona se han pasado el partido faltando el respeto, pero que no se olviden que volveremos a vernos las caras", estalló Diego ante los micrófonos de la RAI.

16 DE SEPTIEMBRE DE 1987: REAL DECEPCIÓN

Estreno personal y del Napoli en la Copa de Campeones, con derrota 2-0 ante el Real Madrid.

Solo 70 testigos privilegiados, la mayoría napolitanos, en la inmensidad del Santiago Bernabéu vacío que purgaba una sanción de la UEFA por incidentes ante Bayern Múnich del año anterior. Partido con algunas diferencias importantes de jerarquía mostradas a lo largo de 90 minutos dominados claramente por los merengues, a pesar de dos llegadas claras que desperdició Bruno Giordano. Diego fue absorbido por Chendo de manera sensacional, por lo que la generación de fútbol o riesgo para el rival estaba anulada. Dos semanas después, en Nápoles, el empate 1-1 permitió clasificar con holgura en el global a la Casa Blanca.

17 DE SEPTIEMBRE DE 1989: DULCES DIECISÉIS

Tras dos meses de tironeos con la dirigencia del Napoli, reaparece en el banco de suplentes ante la Fiorentina por la quinta fecha de la temporada.

El "Diecó, Diecó!" bajaba como un torrente desde las tribunas repletas del San Paolo, mientras el dueño de tanta devoción caminaba con sus botines Puma colgados del hombro hacia el banco de suplentes. Luego de tantas idas y vueltas, que Olympique, que Boca, que Ferlaino esto o aquello, ahí estaba nuevamente con peinado de león, barba de varios días y esa camiseta celeste con el inusual número 16. El doblete convertido por un joven Roby Baggio aceleró su ingreso y

sustituyó a Massimo Mauro en el entretiempo. Su primera acción fue negativa porque el arquero viola le contuvo fácilmente un tiro penal, pero los grandes siempre tienen la revancha en el bolsillo delantero: sobre el final, apuró un córner y metió un centro ideal para la palomita de Corradini, que dio el triunfo napolitano 3-2 en una tarde repleta de vaivenes. "Espero mejorar físicamente para estar a la altura de mis compañeros de equipo. Yo iba de a pie y ellos a 200 kilómetros por hora", se sinceró tras el juego.

18 DE SEPTIEMBRE DE 1994: EL ASESOR

Una vez confirmada la sanción de 15 meses por parte de la FIFA, César Luis Menotti lo invitó a trabajar junto al plantel de Boca Juniors.

Como siempre el jugador número 12, cuando Diego fue a la cancha, le agradeció todo lo que merecía. Mucho más, en momentos tristes como los que atravesaba en aquel inicio de la primavera, cumpliendo la suspensión con la que le cortaron las piernas. Días antes había sorprendido dando una conferencia de prensa en la confitería de la Bombonera y ese partido ante Deportivo Mandiyú fue la presentación oficial de su nuevo "cargo" de asesor de César Luis Menotti, una mera excusa para que él se sintiera mejor y contenido dentro de Boca. "Vengo a aprender", comentó.

19 DE SEPTIEMBRE DE 1990: LA CABRIOLA

Debut en la Copa de Campeones con doblete en el cómodo triunfo 3-0 ante el Újpest FC de Hungría.

El scudetto logrado meses antes posibilitó regresar a la Copa de Campeones. La noche del San Paolo presagiaba goleada ante el inferior Újpest FC. Marco Baroni abrió el resultado gracias a un zurdazo seco y en perfecta diagonal entrando al área. Siete minutos después, la calle por izquierda seguía abierta; entonces, Careca encaró a Varga y la colocó para el 10, que estaba pisando el punto del penal. Como el balón venía en altura, dibujó una cabriola en el aire que hizo espectacular ese toque de zurda que se metió junto al palo. El siguiente aporte contó con la ayuda del arquero Brockhauser, que no retuvo un centro accesible de Careca y posibilitó que Diego ganara la posición y delante del arco libre tocara con clase para el 3-0 final.

20 DE SEPTIEMBRE DE 2000- MOVIDA MARADONIANA

Un grupo de amigos propuso juntar firmas para que la AFA permitiera su despedida jugando un partido de eliminatorias en Buenos Aires.

Primeros tiempos de internet para la mayoría de los ciudadanos. Un e-mail (para hablar como en aquella época) con remitente "Honremos al Genio" proponía la movilización popular para organizar el partido homenaje a Diego Maradona usando la última fecha de las eliminatorias donde jugara la selección argentina como local, programada para octubre de 2001 ante Perú. El mensaje tuvo su llegada a la AFA, y se masificó a punto tal que recibieron apoyo desde Nápoles y desde todos los puntos del país ofreciendo organizar el partido en su ciudad. La aceptación fue del 75%. El pedido llegó a ser tema de conversación de Julio Grondona y fue apoyado también por todo el ambiente futbolístico. Finalmente, Diego tuvo el partido homenaje que todos recordamos pero, como sentenció Edgardo, uno de los líderes de la movida: "Logramos que, con el apoyo popular que siempre estuvo con Maradona, cambiara un poco el pensamiento cerrado de la AFA".

21 DE SEPTIEMBRE DE 1997: ÚLTIMO DÍA EN EL PARAÍSO

La victoria de Boca 2-1 sobre San Lorenzo fue su último partido oficial en la Bombonera.

Clásico del domingo en el que el nivel del partido no estuvo acorde con lo que se prometía, pero su presencia en la cancha fue una preocupación para todo el cuadro azulgrana. Participó del segundo gol, armando una pared larga con Arruabarrena, donde tras la devolución del Vasco levantó la pelota hacia Cagna, que tocó de primera para la definición de Latorre. Faltando un minuto, dejó su lugar a Nelson Vivas y escuchó por última vez en un partido oficial jugado en la Bombonera la maravillosa voz de su pueblo.

22 DE SEPTIEMBRE DE 1985: GIORDA-NO

Espectacular jugada contra Atalanta en el San Paolo, que arrancó desde su propio campo, y pase de taco a Giordano, que despilfarró de manera insólita un gol que habría quedado en la historia.

Durante el resto del partido, Diego había participado de muchas jugadas de gol que la ineficacia napolitana impidió que se transformaran en goleada. El único gol de la tarde fue un córner suyo pasado, pateado con la camiseta fuera del pantalón, hasta que llegó su acción cumbre: tomó la pelota cerca de la raya central y aceleró como una gacela de derecha a izquierda, esquivando a cuanto jugador de Atalanta se le cruzara, hasta que habilitó de espaldas con un taco a Bruno Giordano, que, quizás obnubilado con lo que había visto, remató a las nubes en una posición ideal. El 1-0 final fue tan festejado como otra tarde maradoniana al máximo nivel.

22 DE SEPTIEMBRE DE 1992: EL NIÑO ANDALUZ

Sevilla y Napoli llegaron a un acuerdo total por su pase luego de meses enteros de negociaciones.

“Pibe, sos libre”, le dijo Marcos Franchi dejando atrás las discusiones interminables sobre cláusulas, formas de pago, derechos personales y todo lo que formó parte de una negociación muy cansadora de 86 días. Al principio, Sevilla quería y Napoli no; de a poco se fueron acercando las partes porque el deseo del Pelusa era retomar la actividad no bien finalizara la sanción sufrida en Italia. “Necesito correr, correr y correr. Quiero gritar un gol”, repetía entre familiares. “Usted es el mayor empresario juguetero de la región, no se puede perder este chiche”, lo presionaba Bilardo, entrenador del cuadro andaluz, al presidente, Luis Cuervas. Finalmente, Conrado Ferlaino aceptó los siete millones y medio de dólares ofrecidos, y Diego Maradona recuperaba identidad de futbolista aunque, como se encargó de aclarar rápidamente: “Ya no soy el número uno. Ahora soy el diez mil”.

23 DE SEPTIEMBRE DE 1984: PALLA IN RETE

Primer gol oficial en Serie A de penal ante Sampdoria donde Napoli igualó 1-1.

Se cumplían 17 minutos del segundo tiempo cuando Costanzo Celestini chocó con el brazo extendido de Luca Pellegrini, y el árbitro Paparesta pitó sin dudar. Todo el San Paolo clavó la vista en su humanidad mientras tomaba la pelota. Mirada reconcentrada, tensa, la cadenita plateada que golpeaba contra su tórax. Remate de zurda recto que pasó por arriba del brazo izquierdo del arquero Bordón. El resto del partido fue una fricción constante con Pietro Vierchowod, y la Samp logró llevarse un punto del sur.

24 DE SEPTIEMBRE DE 1983: JUEGO SUCIO

Sufrió la fractura del tobillo izquierdo producida por un severo puntapié del volante Andoni Goikoetxea, la lesión más grave de sus 21 años de carrera.

Era una exhibición de fútbol total del Barcelona frente al rival que más lo complicaba por ese entonces. Los goles de Alonso y Julio Alberto reflejaban poco de ese dominio abrumador. El árbitro, Jiménez Madrid, dio vía libre a la brutalidad visitante, que tocó su punto máximo en el minuto 57. Maradona recibió un pase lejos del área, controló la pelota y sintió la barrida deslizante de Goikoetxea sobre su tobillo izquierdo: “Me rompió, me rompió”, se oyó entre el pesado silencio de un Camp Nou repleto. La camilla se lo llevó entre lamentos que presagiaban lo peor, algo que se confirmó en el vestuario: fractura del maléolo externo y rotura del ligamento del tobillo izquierdo, y operación al día siguiente.

24 DE SEPTIEMBRE DE 1997: 45 MINUTOS DE COPA

Se dio el gusto de debutar, en el penúltimo partido de su carrera, por torneos continentales de Sudamérica. Fueron 45 minutos en Colo-Colo 2-Boca 1 por la Supercopa.

Había jugado casi completos los duelos por el Apertura contra Vélez y San Lorenzo, pero el viaje a Santiago de Chile lo puso por encima

de los dolores musculares. El estadio Monumental de Colo-Colo estaba repleto de un público que fue atraído por su leyenda, más que por un choque de fase de grupos en la última supercopa de la historia. El Bambino Veira dispuso que compartiera ataque con Caniggia y el mexicano Hernández, con quienes tuvo buenas conexiones en el comienzo. Sin embargo, aquel primer tiempo fue encadenando fatalidades: lesión muscular de Caniggia (reemplazado por Palermo), error grosero de Córdoba en el gol albo, y su contractura que no le permitió salir a jugar el segundo tiempo.

25 DE SEPTIEMBRE DE 1983: OPERACIÓN

A menos de 24 horas de su lesión, fue operado de la fractura de tobillo.

"La intervención quirúrgica ha sido satisfactoria. Había que operarle enseguida para reconstruir adecuadamente su maltrecho tobillo; así lo hemos hecho y estoy convencido de que Pelusa, una vez recuperado, volverá a ser el mismo de antes". El doctor González Adrio explicaba a la multitud de medios como había sido la operación que mantuvo en vilo a todo el mundo futbolístico. Diego no sintió dolores y estuvo bien descansado, a tal punto que existen videos disponibles de la intervención. Entre tanto, el comité disciplinario encajaba 18 partidos de suspensión a Goikoetxea. Comenzaba la etapa de recuperación en Buenos Aires junto a su familia, lo que aceleró los tiempos previstos.

26 DE SEPTIEMBRE DE 1989: POR UN PUÑADO DE DÓLARES

El arquero yugoslavo Tomislav Ivkovic le jugó y ganó una inusual apuesta en plena definición por penales de la serie por Copa UEFA ante Sporting Lisboa.

Diego estaba acomodando la pelota para ejecutar el penal que, de convertirlo, depositaría a Napoli en octavos de final de la Copa UEFA cuando sintió una voz de acento extraño: "Cien dólares a que te atajo el penal. ¿De acuerdo?", desafió el arquero del Sporting, Tomislav Ivkovic. "Trato hecho", esbozó el 10. El San Paolo, en silencio, aguardaba festejar que el campeón defensor avanzara de ronda, pero el yugoslavo se quedó con el penal del capitán napolitano y la serie de penales debió continuar. Ciro Ferrara convirtió y el experimentado Fernando Gomes marró el suyo para el estallido de felicidad de todo el estadio.

26 DE SEPTIEMBRE DE 2001: LA CAMISETA ES COMO UN DIOS

La AFA decidió retirar el dorsal número 10 de todos los partidos que disputaría la selección argentina desde ese momento.

La resolución de la AFA surgió tras una iniciativa de Julio Grondona, quien abrió con ese tema la sesión del Comité Ejecutivo y no encontró oposición entre los presentes. El problema surgió cuando el presidente de la entidad realizó el planteo en la FIFA y fue rechazado de plano por el máximo organismo mundial, que exigió conservar la numeración consecutiva del 1 al 23 en el Mundial Corea-Japón 2002. Por lo tanto, el tributo a Diego pudo durar solo algunos meses, frenando también las intenciones de clubes como Independiente (por Bochini) y el propio Argentinos Juniors (por el Pelusa).

27 DE SEPTIEMBRE DE 1981: BIEN LEVANTADO

Golazo a River en la Bombonera por el torneo Nacional.

La única derrota en superclásicos de su carrera también tuvo un punto rescatable, que fue un gol, tan extraño como espectacular, que convirtió a los 20 minutos de juego. Diego apuró un lateral del lado de los palcos de la Bombonera, Córdoba se la devolvió de cabeza, el 10 la dominó y sacó un remate chanfleado que dibujó un viaje mágico hacia el arco de un sorprendido Pato Fillol. El partido cambió completamente en la segunda etapa y los millonarios se llevaron la victoria por 3-2 para Núñez.

28 DE SEPTIEMBRE DE 1971: CARA DE DONA

El diario Clarín publicó una apostilla donde se resaltaban las aptitudes técnicas de un tal Diego Caradona.

"Es zurdo pero ya sabe usar la derecha. Diego Caradona [sic], diez años, se ganó calurosos aplausos en el entretiempo de Argentinos-Independiente, haciendo gala de una rara habilidad para el 'jueguito' con el empeine y con el chanfle. Tiene una actitud de futbolista nato y demuestra una pasión muy argentina por la pelota". Habrían de pasar varios años para que el mundo lo conociera por su verdadero apellido.

28 DE SEPTIEMBRE DE 1992: ESTA VEZ EL DOLOR VA A TERMINAR

Tras cumplir su primera sanción con la FIFA, retornó a la actividad con la camiseta de Sevilla en un amistoso contra Bayern Múnich.

Treinta mil almas presentes en el Sánchez-Pizjuán fueron los testigos de su vuelta en la presentación contra el Bayern Múnich de su amigo Lothar Matthäus. Con la melodía de la canción "Mi enfermedad" cantada por Fabiana Cantilo de fondo, a las 21.02 pisó el césped, levantó la vista y suspiró: "No lo puedo creer". El triunfo 3-1 del Sevilla fue un balde repleto de esperanza para todos, ideal para iniciar la relación lo más arriba posible.

29 DE SEPTIEMBRE DE 2000: BEST SELLER

Comenzó la venta de su autobiografía, Yo soy el Diego, realizada junto a los periodistas Ernesto Cherquis Bialo y Daniel Arcucci.

"Mi objetivo de aclararles a los argentinos todas las dudas que tienen", fue su primera respuesta el día de la presentación del libro. El libro de 340 páginas contenía más de 100 fotografías y exclusivos relatos sobre el fútbol, los entretelones del negocio en todo el mundo y las vinculaciones de la mafia italiana con los equipos de las grandes ligas. La primera tirada de ejemplares alcanzó los 125.000 y totalizó el doble de ventas en los meses siguientes. "Quise contarles la verdad, decirles cómo fue todo. Yo viví toda la historia grande del fútbol argentino y estoy muy contento de presentar mi libro, de crear esta expectativa y poder decirles la verdad a los argentinos".

30 DE SEPTIEMBRE DE 1995: VOLVERÁS CUANDO AMANEZCA

Presentación de su regreso a Boca Juniors en Seúl ante la selección coreana con triunfo 2 a 1.

La mitad más uno, que esperó largos 14 años para verlo regresar, despertó alegremente sobre el amanecer de aquel sábado para ser testigo desde su televisor de un momento muy deseado. La multitud presente en el estadio Olímpico observó a un Diego figura, que disputó 87 minutos reluciendo ese mechón rubio que marcó tendencia, con pase gol precioso a la cabeza de Mac Allister para el 1-0 y arengando a toda la tropa para que fuera el puntapié inicial de un fin de carrera soñado.

OCTUBRE

1 DE OCTUBRE DE 1986: VILLANO

Erró el penal decisivo que eliminó al Napoli de la Copa UEFA ante Toulouse.

Fue una serie no apta para cardíacos. En el San Paolo, la presencia goleadora de Andrea Carnevale. En el Stade Municipal, la empardó otro tiburón de aguas cálidas como Yannick Stopyra. El global mandó todo a los penales. Ottavio Bianchi prefirió colocar a Diego en el último renglón del listado de pateadores, y la ilusión napolitana creció cuando el verdugo durante el partido falló el primer penal para los locales. Mientras sus compatriotas Márcico y Tarantini convirtieron los suyos, el guardameta Bergeró detuvo el de Bagni, por lo que en sus pies estaba la chance del Napoli de seguir pateando. Se paró recto y la colocó con la parte interna del pie izquierdo, pero se fue pegada al palo. Estallido total en las tribunas y todas las cámaras encima de ese número 10 que se iba del campo derrotado. En aquella temporada 86-87 de ensueño, la noche de Toulouse resultó la única mueca de dolor.

2 DE OCTUBRE DE 2001: DIEGO ARMANDO PHELPS

Luego del anuncio de la no continuidad de Carlos Bianchi al frente de Boca, declaró que vendría de Cuba nadando para dirigir al equipo.

La abrupta decisión de Carlos Bianchi había sacudido la interna xeneize. Después de mucho tiempo, el banco de suplentes más

codiciado quedaría libre en tres meses y todos los medios realizaban encuestas sobre quién debía sucederlo. Una vez abierto el juego, Diego sorprendió desde Cuba, donde residía, con una frase de su estilo: "Si me ofrecen dirigir a Boca, voy nadando desde Cuba para allá". Finalmente, la dirigencia boquense apostó por el regreso de Oscar Washington Tabárez.

3 DE OCTUBRE DE 1985: UN SOL PARA LOS CHICOS

Fue nombrado por Unicef embajador del organismo mundial que se ocupa de los problemas de la infancia.

Maradona fue designado por ser considerado uno de los futbolistas más influyentes del mundo. La función principal como embajador de Unicef fue concientizar sobre los problemas de hambruna infantil en todo el mundo y denunciarlos. "Usted tiene la posibilidad de hacer escuchar la voz de todos los niños argentinos", le expresó Arnaldo Farina, secretario del organismo en Italia, cuando lo designó en una ceremonia llevada a cabo en Nápoles.

3 DE OCTUBRE DE 2016: HOGAR, DULCE HOGAR

Se inauguró la "Casa de D10S", un museo de artículos maradonianos en la casa que Argentinos Juniors le había comprado en 1977, ubicada en Lascano 2257.

Apenas se traspasa la puerta, se observan decenas de fotografías, documentos, objetos y una ambientación que evocan la adolescencia de Maradona, antes de convertirse en una leyenda viviente. Una fotografía suya, con cabellera enrulada, sentado en un escalón de la entrada a la vivienda junto a la escritura original a nombre de don Diego certifican la importancia del lugar. "A Diego lo criamos en Argentinos Juniors. Hay muchos aquí que no lo quieren, pero no se pueden olvidar de lo que significó Diego para el club y el barrio. A nivel mundial, nos conocen por él", remarcó Alberto Pérez, exdirectivo del club de La Paternal.

4 DE OCTUBRE DE 1992: SINFONÍA AGRIDULCE

Estreno en Sevilla con derrota ante el Athletic de Bilbao.

"¡Goiko, Goiko!", estalló el San Mamés cuando lo vio aparecer. Los vascos apelaban a la estrategia del mal recuerdo de Goikoetxea para sacarlo mentalmente; sin embargo, el verdugo había saludado a Diego en la previa. Los mejores momentos del Sevilla lo tuvieron como protagonista, más allá de sus limitaciones físicas: inauguró su vuelta oficial con un pase de pecho a los 48 segundos y cuando se tiró a jugar unos metros más arriba se vieron esos toques precisos que siempre lo caracterizaron. Promediando el segundo tiempo, Lakabeg aplastó los tapones contra la pierna izquierda del 10 y lo dejó rengueando hasta que decidió pedir el cambio. "Me duele muchísimo el tobillo, pero el miércoles juego, seguro, contra el Zaragoza. No hay nada que no se pueda calmar con un poco de hielo. No me puedo perder ese partido por nada del mundo", declaró entre la tristeza del camarín andaluz por la derrota consumada en los últimos diez minutos, con los goles de Luke y Kuko Ciganda para el Athletic.

5 DE OCTUBRE DE 1988: ZORBA EL GRIEGO

Gran pase a Careca para el gol de la clasificación ante PAOK por la Copa UEFA.

En la ida se aseguró el triunfo con un gol suyo de penal cerca del cuarto de hora del segundo tiempo. La revancha jugada en Tesalónica se clarificó cuando, a los 17 minutos, se encontró solo con la pelota picando en tres cuartos de cancha y Careca marcándole el pase al vacío. Diego repentizó un toque con top spin por encima del zaguero para dejar al brasileño de cara al arco y que definiera con su habitual jerarquía. Dos goles de ventaja en el global para administrar y solo tuvo un sofocón cuando Skartados señaló el empate. Serie abrochada.

6 DE OCTUBRE DE 1981: ÁFRICA MÍA

Locura total en Costa de Marfil por su presencia para jugar dos amistosos con Boca dentro de la misma semana.

Entre tantos periplos con fines recaudatorios, sin dudas, esta fue la gira más excéntrica. Después de empatar 0-0 por el Nacional ante San Lorenzo, el plantel cruzó el Atlántico para jugar dos partidos ante equipos de Costa de Marfil. El primero fue goleada 5-2 contra el Stade d'Abidjan con dos goles suyos. El segundo, dos días después, fue triunfo 3-2 sobre un terreno fangoso contra Asec de la misma ciudad, rival que metió mucha pierna fuerte y se adjudicó el Elefante de Marfil, en medio de muchas demostraciones de afecto del pueblo marfileño hacia el Pelusa.

7 DE OCTUBRE DE 1992: DIEGO GOZA

Primer gol con la camiseta de Sevilla que valió el triunfo contra Zaragoza.

Simeone se metió de prepo en el área, y el arquero no tuvo más remedio que derribarlo. Mientras la multitud festejaba la sanción del penal, Diego corrió hacia la pelota y acomodó para rematar. Muchas sensaciones pasaron por su cabeza: los 16 meses sin jugar o ese tobillo infiltrado para poder estar esa noche. Tomó carrera y sacó el zurdazo pegado al palo derecho mientras Cedrún se movía hacia el otro lado. Zaragoza mereció más, pero su gol sirvió para el primer festejo de puño apretado de la experiencia andaluza.

7 DE OCTUBRE DE 1993: ROSARIO SIEMPRE ESTUVO CERCA

Fiesta en el Parque Independencia la noche de su presentación en Newell's, que terminó con victoria frente a Emelec gracias a un golazo suyo.

El estadio quedó en penumbras. Solo se veía la luz de un reflector sobre la humanidad del número 10 de Newell's Old Boys, acompañado de sus hijas, Dalma y Giannina. Multitud que desbordó todas las ubicaciones del viejo estadio leproso, que llenó de banderas rojinegras cada lugar que pudo conseguir. Desde un sector, escrito con luces de fuego se leía: "Diego, NOB es tu casa". Lo menos importante fue el partido, pero el 10 se encargó de eternizarlo desde una corrida notable, de izquierda a derecha que logró cruzar con su pierna menos hábil. Otra ilusión se ponía en marcha.

7 DE OCTUBRE DE 1995: EL RETORNO DEL REY

Retorno oficial a Boca Juniors. La Bombonera explotó de alegría en una jornada histórica e inolvidable que se coronó con la victoria xeneize sobre Colón en la última jugada del partido.

El templo hirviente de La Boca se llenó bien temprano, como aquel febrero de 1981. Habían pasado 13 años y 10 meses para verlo en un partido oficial con los colores más queridos. Un recibimiento nacido desde las entrañas de tanto amor correspondido, donde una caja de regalos se abrió para que sus hijas, Dalma y Giannina, provocaran sus únicas lágrimas de la tarde. Partido sucio, de pierna fuerte, con demasiados nervios. Hasta él debió meterse a raspar. El punto culminante fue el escandalo donde vio la roja el Huevo Toresani, que tampoco cambió la fisonomía del espectáculo. Reloj en el minuto 46, centro a medida del Kily González a la cabeza de Scotto para que estallara el Diego, para que La Bombonera tocara el cielo de la locura mayor. Vestuario feliz, festejo más íntimo en el Soul Café, mensaje de invitación a Julio Toresani para que lo visitara en Segurola y Habana y felicidad, mucha felicidad por cumplir el sueño de volver.

8 DE OCTUBRE DE 1950: MIGUEL ÁNGEL

Natalicio de Miguel Ángel Brindisi, su socio en el Boca campeón 1981.

Silvio Marzolini lo imaginó como eje de un equipo que tenía armado, a tal punto que realizó una producción junto a Marcelo Trobbiani para El Gráfico. La llegada de Diego sacudió todo lo planificado, pero el talento de Miguel Brindisi pudo complementarse a la perfección con la magia maradoniana y juntos armaron un tándem letal. Paredes, gambetas y mucho gol para que aquel Boca se afianzara como protagonista del Metropolitano.

9 DE OCTUBRE DE 1994: CORRIENTES TIENE PAYÉ

En medio de la suspensión impuesta por la FIFA desde el mundial de Estados Unidos, asumió como entrenador de Deportivo Mandiyú de Corrientes, en dupla con Carlos Fren.

"Si mañana viene a la hora pactada, le doy el equipo", le confesó Roberto Tito Cruz, presidente de Mandiyú a su esposa. Diez minutos antes de la hora pactada, Diego estaba tocando el timbre de la residencia donde Cruz, sin más vueltas, ofreció el cargo que había dejado Pedro González. El acuerdo fue inmediato para que regresara a la provincia natal de sus padres y empezara otro desafío ligado al mundo de la pelota. "Tener a Maradona es como salir con Kim Basinger", graficó el mandatario correntino en la conferencia de presentación. Se presentó ante el plantel en las humildes canchas del barrio Yecoá y el estreno frente a Rosario Central lo vivió junto su hermano Lalo desde la platea, donde insultó, pataleó, gritó y sufrió la derrota por 2-1. Goycochea; Martínez, Rodríguez, Medrano y Cristaldo; Bernuncio, Morán, Díaz y Alvarenga; Pozzutto y Fernández fue su primera alineación titular en su carrera como entrenador.

10 DE OCTUBRE DE 1993: PINTADO DE ROJO Y NEGRO

Debutó oficialmente con la camiseta de Newell's Old Boys en la derrota 3-1 ante Independiente.

En esa Doble Visera, donde cuando era adolescente fue espectador de muchos partidos coperos de su ídolo, Ricardo Enrique Bochini, el fútbol argentino lo recibió luego de casi 12 años de ausencia. Los 60.000 presentes saludaron su ingreso al campo de juego sin distinción de camisetas y disfrutaron de dos rabonas, una de ellas salvada por Islas in extremis, una decena de pases con calidad maradoniana certificada (el mejor no bien empezado el partido al paraguayo Carlos Torres, que no supo definir), impecable en el aspecto físico y buen diálogo con el resto de sus compañeros pese a perder merecidamente ante un Alejandro Alfaro Moreno en modo crack: "Ni yo puedo creer que me sienta tan bien", reconoció en vestuarios.

10 DE OCTUBRE DE 2009: DE PANZA A LA ILUSIÓN

Festejo alocado tras el agónico gol de Martín Palermo que valió la victoria ante Perú.

El gol de Gonzalo Higuaín alcanzaba para sumar esos tres puntos que mantenían a la selección entre los puestos de clasificación para el Mundial de Sudáfrica. Sin embargo, un vendaval de agua y viento puso al partido en zona de peligro hasta que un error de Mascherano le sirvió el gol a Rengifo. Todo era desconcierto en el Monumental; para colmo, el viento y la lluvia hacían estragos en la bronca de la multitud, hasta que el Pocho Insúa la fue a buscar, cruzó el zurdazo a "lo que venga" y el pie zurdo de Martín Palermo que desvía a la red el remate. El estadillo de Diego se transformó en un panzazo al charco de agua donde barrenó de felicidad. El alma volvía al cuerpo y Sudáfrica volvía al camino de la selección. "Milagros hace Palermo, él entra y, tac, te hace sonreír en la más jodida", admitió en la conferencia de prensa.

11 DE OCTUBRE DE 1981: SATURADO

Luego del viaje a Costa de Marfil, marcó dos golazos ante San Lorenzo de Mar del Plata y sacudió el ambiente futbolero afirmando que evaluaba retirarse.

Abrió y cerró la goleada 7-1 ante los marplatenses con un golazo de cabeza desde la línea del área chica y un tiro libre perfecto al ángulo. Pero el foco de los medios estuvo en declaraciones sorprendentes a su confidente Guillermo Blanco que rebotaron en todos lados: "Quiero dejar. No estoy loco, lo hablé con mi papá, Jorge y Miguel (Brindisi). Así no quiero seguir más. Cambio todo, la fama, los autos, por la tranquilidad. Quiero que la gente se olvide de Maradona, que los diarios no hablen más de mí".

11 DE OCTUBRE DE 1987: DOS TIPOS AUDACES

Primer gol de Antonio Careca en Napoli, con quien formó un excelente tándem de ataque en sus últimos años en el Calcio.

Aquel 6-0 ante Pescara mostró una contundencia que el Napoli no había tenido en sus cuatro fechas anteriores. Luego de los goles de Carnevale y Romano, el brasileño arribado en ese mercado de pases al club solo tuvo que empujar a la red una jugada en ataque que él mismo había armado. Con Diego fueron socios adentro y amigos afuera, donde el afecto superó cualquier reacción derivada del Argentina-Brasil del mundial de Italia. Aún hoy ambos mantienen

una excelente relación. El cuarto gol fue un penal convertido por el 10 mientras que Giordano y Benini en contra sellaron una goleada exagerada.

12 DE OCTUBRE DE 1980: DIEGO SALVADOR

Golazo de tiro libre para el 2-1 de la Argentina contra Polonia en el Monumental.

Partido de preparación con vistas a la Copa de Oro de Uruguay, donde César Luis Menotti pudo reunir a la mayoría del plantel ante un rival de fuste como lo era en aquel tiempo la selección de Polonia. Sobre el cuarto de hora, Valencia inició la jugada que terminó con el penal que Daniel Passarella ejecutó fuerte a un palo. Luego del empate de Ciolek, también desde los 12 pasos, tiro libre al borde de la medialuna, que Diego ejecutó con clase y la comba justa para meterla por el único hueco que ofrecía la barrera polaca. Los 43.800 pagantes del Monumental estallaron de placer.

12 DE OCTUBRE DE 1988: JUNTOS ES MEJOR

Buen ensayo con la selección argentina contra España en Sevilla que terminó 1-1.

Dentro de los cuatro años difíciles para el seleccionado argentino entre los mundiales de México e Italia, hubo pocos mojones donde el equipo satisfizo a la gente. Una de ellas fue la actuación en el amistoso ante España por los 75 años de la Federación Española de Fútbol, donde se observó una clara superioridad que nació en los pies del Pelusa, quien estuvo a punto de no jugar debido a una contractura y dolores en el tobillo. Sus gambetas y malabares dentro del campo de juego del Sánchez-Pizjuán fueron lo más aplaudido del partido.

13 DE OCTUBRE DE 1976: VISIONARIO

Pocos días antes de su debut en primera, encantó a un captador de talentos de Zaragoza durante un partido con selecciones juveniles en la previa de Argentina-Chile disputado en cancha de Vélez.

Un enviado del Club Zaragoza quedó fascinado por su juego en el preliminar de un amistoso entre la Argentina y Chile. Al día siguiente, sugirió telefónicamente realizar una oferta de 100.000 dólares a Argentinos Juniors. Desde España se negaron rotundamente por la edad del jugador en cuestión. Cuando años más tarde descubrieron de quién se trataba, aquel monto ofrecido ya no alcanzaba.

14 DE OCTUBRE DE 1992: SOY TAN VULNERABLE A TU AMOR

Durante la gira que trajo a Sevilla a Buenos Aires, jugó 45 minutos con la camiseta de Boca.

Primer acto: encabezó la delegación del Sevilla que presenció en La Bombonera el histórico 1-0 contra River por el Apertura, alentó todo el partido, festejó ruidosamente aquel triunfo, ubicado en el sector D de plateas medias junto al actor Carlos Andrés Calvo, entremezclado sin problemas con el público. Segundo acto: jugó el amistoso del día siguiente en el estadio Chateau Carreras ante los juveniles de Boca, donde su equipo venció 3-1. Tercer acto: jugó un tiempo para los andaluces y otro para los xeneizes en La Bombonera, donde señaló el último gol de la noche con la azul y oro puesta.

14 DE OCTUBRE DE 2009: BIEN ADENTRO

Victoria 1-0 sobre Uruguay que depositó a su selección en el Mundial de Sudáfrica.

"¡Qué la chupen ahora, Carlos, que la chupen bien chupada!". "Te dije que te quiero, Carlos". Su voz quebrada, impregnada de rencores ante el periodismo nacional, se mezclaba con los gritos de Carlos Salvador Bilardo buscando una calma imposible. Su selección argentina había caminado por la cornisa de la eliminación luego del golpazo sufrido en La Paz, y el gol de Mario Bolatti, muy cerca del final, selló el pasaporte a Sudáfrica en el pasto del mítico Centenario de Montevideo. En la conferencia de prensa, personalizó un par de LTA aún enfervorizado por haber conseguido el objetivo: la Argentina jugaría la Copa del Mundo del año siguiente. "Mis jugadores jugaron como hombres y hoy me consagraron como técnico", afirmó.

15 DE OCTUBRE DE 1995: EL SHOW DE BOCA

Anotó el primer gol en su regreso a Boca ante Argentinos Juniors de tiro libre, que además fue el primero convertido desde noviembre de 1981 por torneos AFA.

Todo lo que Diego tocaba lo convertía en oro en aquellos tiempos. Estadios repletos, rivales motivados, hordas de hinchas xeneizes peregrinando por todo el país. En su segundo partido, debió enfrentar por primera vez a los colores que lo vieron nacer futbolísticamente, cuya hinchada tuvo un trato hostil por haber cambiado su Destino hacia Newell's en 1993. Sobre la media hora del segundo tiempo, tiro libre ideal para su zurda, que clavó en el ángulo de la mano derecha de Damián Maltagliatti. Primero hizo silencio y luego sostuvo varios segundos un grito de desahogo en medio de la celebración del 90% del Amalfitani: "Tengo suerte, cada vez que hay una fecha importante, hago algo para dedicar y justo hoy es el Día de la Madre. Se lo pude dedicar a la Tota", declaró mirando a su madre, que fue por su saludo a la zona de vestuarios.

16 DE OCTUBRE DE 1977: ENCUENTRO CON EL DIABLO

Primer partido donde compartió cancha con su ídolo Ricardo Bochini.

El Palacio Tomás Adolfo Ducó fue testigo de una reunión que el mundo futbolero deseaba observar cuanto antes. De un lado, el pibito que iba a verlo en alguna noche de copas internacionales de la mano de su cuñado "el Colorado". Del otro, el cerebro del Independiente tetracampeón de América en aquel Metropolitano donde se armó la base que se consagraría en el torneo siguiente con la histórica hazaña. Esa tarde, en cancha de Huracán, ninguno de los dos convirtió: Argentinos se puso arriba con dos goles de Giordano, pero una ráfaga de Bertoni y Outes más un tanto de Trossero establecieron el 5-2 final.

16 DE OCTUBRE DE 1997: BJ

Apareció en la práctica de Boca manejando un camión.

Se trataba de un Scania 360 azul, modelo 113 h, con patente AZM 765, que sufrió un desperfecto en la Autopista Ricchieri justo antes de llegar a la práctica que el equipo dirigido por Héctor Veira realizaba en el predio del Sindicato de Comercio en Ezeiza. Con la ayuda de un mecánico, Diego arregló la unidad y declaró al pasar: "Vieron qué linda maquinita. Ahora va a ser difícil hacerme notas, ningún periodista se va a poder colgar". Se desprendió del vehículo recién en 2010.

1 DE 1996: CADA DÍA CANTAN MEJOR

Estreno del film El día que Maradona conoció a Gardel.

La trama de la película se basa en dos hombres tan diferentes como un relojero y un editor de televisión que deben liberar el alma de Carlos Gardel de un extraño pacto con el diablo que la tiene atrapada, efectuado por una mujer desconocida horas antes de su muerte. Para romper el maleficio, estos devotos gardelianos e improvisados exorcistas, necesitan encontrar una contrafigura mítica de tanta fuerza popular como el cantante y eligen a Diego Maradona.

17 DE OCTUBRE DE 2005: DIEGO VERSUS DIEGO

En su show La noche del 10, se compaginó una entrevista donde él mismo respondía sus preguntas.

La escena editada se mostró con dos Maradona sentados en una mesa. Uno lució elegante, con camisa y traje, mientras que el otro, un look informal. La original charla trató temas de interés general de la época junto a cuestiones personales puntuales. "¿De qué cosas te arrepentís?", "¿Cuándo fue la última vez que te drogaste?", fueron algunas de las preguntas que en unos cinco minutos, sin filtro, respondió con los necesarios detalles. El segmento tuvo los picos más altos de audiencia en el prime time de aquel lunes.

18 DE OCTUBRE DE 1971: SACALE UNA FOTO

Primera fotografía suya publicada en los medios, donde está dominando la pelota con su cabeza.

La revista Goles obtuvo el primer registro gráfico del Diego futbolista clavando su vista en la pelota con la que animaba los entretiempos de cada partido del club de La Paternal como local. La toma fue en cancha de Atlanta, donde Argentinos Juniors, el club en cuya novena división jugaba Maradona, perdió 1-0 ante River por la tercera fecha del Nacional.

19 DE OCTUBRE DE 1976: ATRÉVASE A SOÑAR

Una vez cumplida la suspensión por sus palabras irónicas contra un árbitro de tercera división, el entonces entrenador de Argentinos, Juan Carlos Montes, lo citó formalmente para el partido del equipo de primera división.

"La habilidad, la calidad y la desfachatez de ese chiquito jamás las había visto. Entonces le pedí a Tino, el delegado de inferiores, que lo trajera siempre a entrenar con nosotros". Juan Carlos Montes recordó su primer contacto con Diego y agregó detalles de la semana previa al debut: "Le comenté que iría al banco contra Talleres". Esa noche previa, no podía disimular el dolor por la muerte de Tino, el delegado que tanto quería verlo en primera, sucedida en la antesala de ese debut. Tampoco durmió por la ansiedad de las ganas por demostrar adentro de la cancha lo que su ilusión le marcaba.

20 DE OCTUBRE DE 1976: EL BIG BANG

Debut en primera, cuando ingresó, en lugar de Rubén Giacobetti, al inicio del segundo tiempo de la derrota 1-0 que sufrió Argentinos Juniors frente a Talleres de Córdoba.

"¿Se anima?". La mirada del DT Juan Carlos Montes se posó en el ruliento de la camiseta 16. Saltó al césped con una sola orden: "Vaya, Dieguito, juegue como usted sabe. Si puede, tire un caño". El pedido fue correspondido en la primera que tocó. Vino de frente Juan Carlos Cabrera y… zas… caño con el "Oooleee" de fondo. Estampa, movimientos, trato de balón, gambetas y todo el repertorio al servicio de un equipo que no pudo revertir el resultado por la falta de eficacia. Se fue entre aplausos y soltó al salir de vestuarios: "Fue una derrota injusta. Los minutos pasaron muy rápido, apenas toqué la pelota".

20 DE OCTUBRE DE 1982: ESA ESTRELLA ERA MI LUJO

Golazo espectacular de emboquillada ante Estrella Roja de Belgrano por la Recopa, elegido por él mismo dentro de su Top 5 de goles preferidos en su cuenta de Instagram.

Ya había sacudido la red de Stojanovic mediante un cabezazo de anticipo tras un córner. Pero no bien iniciado el segundo tiempo, llegó su obra maestra de la noche belgradense cuando Carrasco escapó por derecha y tocó para Diego, quien cruzando la raya central encaró para el área, se perfiló para la zurda y desde la medialuna dibujó un globo perfecto por encima del arquero. "El portero estaba algo adelantado y le bombeé el balón. Ciertamente ha sido uno de los goles más bonitos de mi vida", contó feliz en camarines. Las 100.000 personas que llenaron el estadio popularmente conocido como el Maracaná de los Balcanes se levantaron de sus lugares para ovacionar al genio, algo que repitieron al finalizar el triunfo 4-2 del Barcelona: "La afición del Estrella Roja ha sido muy deportiva y quiero agradecérselo".

20 DE OCTUBRE DE 1985: DESDE LEJOS NO SE VE

Golazo impresionante desde media distancia en la goleada del Napoli 5-0 sobre Verona.

En Italia lo llamaron "el gol imposible". Napoli ya ganaba cómodo 2-0, por sendas apariciones de Giordano y Bagni, este último gracias a un centro perfecto del 10 desde la izquierda. A los 13 minutos del complemento, los ojos del San Paolo repleto se paralizaron: en posición de 10, recostado sobre la izquierda, bajó con el pecho un saque de arco, la dejó picar y desde casi 40 metros sacó un zurdazo desde su empeine, que viajó directo al arco de Giuliani. La pelota rozó el poste y se metió mansamente. Otro golazo para la historia.

21 DE OCTUBRE DE 1990: "SILENCIO", DIJO GULLIT

Gol de penal contra Milan, que empató sobre el final gracias a una aparición de Ruud Gullit.

"Pude convertir el gol que deseamos tanto, pero no supimos mantener la ventaja. El gol de Gullit llegó cuando ya estábamos

festejando". Con la camiseta del astro holandés sobre sus hombros, Diego dejaba sus impresiones luego que el triunfo ante el poderoso Milan de Arrigo Sacchi se escapara sobre el final. A falta de ocho minutos, había cambiado por gol un polémico penal de Tassotti sobre Incocciati, pero un córner bien trabajado por el rossonero ahogó el festejo.

22 DE OCTUBRE DE 1989: DOS VUELTAS DE LLAVE

Golazo para cerrar un triunfo fundamental ante el Inter en la pelea por la punta del certamen.

Napoli había prevalecido sobre el cuadro de Trapattoni, gracias a los pincelazos de Diego, el esfuerzo de Alemão y el control defensivo sobre las figuras rivales como Klinsmann o el generador de fútbol, Nicola Berti, pero tuvo que esperar hasta faltando 15 minutos para pegar el primer grito de la tarde, gracias a un jugadón de Alemão y definición notable de Careca. Otra aparición del volante brasileño rompiendo líneas desde atrás y apertura para el 10, que la colocó por la única calle disponible para sellar dos puntos de oro en aquella campaña de campeón.

23 DE OCTUBRE DE 1988: BOLA OCHO

Doblete en la goleada 8-2 de Napoli sobre Pescara por la tercera fecha de la temporada.

Pase de tres dedos notable para que Andrea Carnevale convirtiera el segundo tanto, un chanfle perfecto de zurda que puso el 3-0, más un cabezazo con el arco libre para cerrar la goleada histórica, fueron sus aportes para una tarde de alto voltaje napolitano. Los 57.624 tifosi presentes en el San Paolo se fueron encantados por actuaciones premium de Careca, Carnevale y el siempre generoso Alemão.

24 DE OCTUBRE DE 2018: EL MINIFOTOGRÁFO

Sergio Siano, hijo de un reconocido fotógrafo napolitano, publicó el libro Maradona, con 160 fotos inéditas sacadas por él cuando acompañaba a su padre a los entrenamientos del Napoli.

"Yo era el más chico de los fotógrafos que seguían a Diego. Por eso, él, que se daba cuenta de todo, me dejaba fotografiarlo en cualquier momento", recordó Siano aquel día que decidió publicar algunos retratos de aquella época dorada del club de sus amores. "Para mí, la foto más emblemática del libro es la del final de su carrera en Napoli, una en que Diego está sin camiseta, con el pecho desnudo, pero con el brazalete de capitán puesto, pegado al brazo. Él lo mira. Me gusta y me emociona porque Diego no solo era el capitán del equipo, sino también el capitán de la ciudad, de todo el pueblo napolitano", expresó en una nota al diario Clarín.

25 DE OCTUBRE DE 1997: NADA MÁS QUEDA

Últimos 45 minutos de su carrera profesional en River 1-Boca 2 por el Apertura.

Quiso estar presente en el partido más grande de la Argentina, aunque ya no podía ni con su físico ni con su alma. Encabezó la fila como capitán de la ilusión boquense de arrebatarle la punta al River de su exsocio Ramón, a quien agradeció antes del partido con el brazo extendido el telegrama recibido luego de su última desgracia. Aquellos 45 minutos no pudo pasar más del intento, hasta tuvo un remate con derecha entrando al área. Ese Diego pidió el cambio en el entretiempo y cedió su cetro xeneize a Juan Román Riquelme. Boca se fue perdiendo y lo terminó ganando gracias al gol de un elegido suyo, Martín Palermo. El alocado festejo final lo encontró de cara al Jugador número 12. Todo ya había pasado. Todo estaba por venir.

26 DE OCTUBRE DE 1986: RÓMULO Y DIEGO

Importante triunfo del Napoli contra la Roma como visitante con gol suyo.

Fue uno de los tantos partidos bisagra de aquel primer scudetto. El equipo de Ottavio Bianchi salió decidido a llevarse los dos puntos al sur con Diego como estandarte, por supuesto. De esta manera, el 10 participó de todas las llegadas de su equipo, resueltas con su pegada, hasta que al minuto de juego del segundo tiempo bajó un pase largo

de Bruno Giordano y definió raso por debajo de Franco Tancredi para desatar el delirio napolitano en la capital.

27 DE OCTUBRE DE 1985: GRAN TORINO

Golazo de tiro libre a Torino que no evitó la derrota 2-1.

El invicto de siete fechas tuvo su estación terminal en el Communale por culpa de dos distracciones defensivas en sendos tiros de esquina que pusieron al Toro en ventaja. Diego tuvo en los pies un zurdazo desde la medialuna que reventó el travesaño cuando iban 0-0 y recién logró descontar gracias a un tiro libre que salió como un balazo de su pie izquierdo.

28 DE OCTUBRE DE 2000: ALMAGRO, DULCE HOGAR

Almagro, que competía en primera división luego de 60 años, lo contrató de palabra como manager, y él designó al Tata Brown y al Negro Enrique como dupla técnica, tras la salida como entrenador de Armando Husillos.

Los dirigentes lo querían como entrenador, pero Diego presentó su propio plan de trabajo, en el que se autodesignó manager, mientras los encargados de trabajar en campo con el equipo serían sus ex compañeros de la selección. "El plan contempla el desarrollo global del futbol del club, no sólo para salvarnos del descenso de categoría", comentó entonces el vicepresidente tricolor, Julio De Marchi. Finalmente, el arreglo nunca terminó de concretarse aunque Brown y Enrique permanecieron en sus cargos por el resto de la temporada.

29 DE OCTUBRE DE 1978: LA GRAN BESTIA GOL

Se consagró goleador de un torneo por primera vez cuando alcanzó los 22 tantos junto a Luis Andreuchi en el campeonato Metropolitano.

El torneo donde sufrió la mayor decepción de su carrera, al quedar afuera de la selección campeona del mundo, lo tuvo como el máximo anotador junto a Luis Andreuchi, cañonero del Quilmes campeón. Fueron 22 goles convertidos, diseminados entre dos tripletas, tres dobletes y el resto en diez fechas diferentes. Argentinos Juniors finalizó en el quinto puesto de la tabla de posiciones.

29 DE OCTUBRE DE 1997: DECIR ADIÓS ES CRECER

Anunció oficialmente su retiro del fútbol profesional en una nota en Radio La Red.

"Se terminó el jugador de fútbol: nadie está más triste que yo. Mi viejo se fue llorando de mi casa. Yo le había prometido el día del partido contra Vélez que cuando pasara otra cosa así largaba todo. Con todo el dolor del alma, ha llegado el momento de anunciar mi retiro", le confesó al periodista Fernando Niembro.

29 DE OCTUBRE DE 2001: LOS MÁS FIELES

La Iglesia Maradoniana celebró por primera vez la Nochebuena y la Navidad en su homenaje.

La idea nació no bien pasada la medianoche del 30 de octubre de 1998. Hernán Amez y Héctor Campomar, dos amigos del barrio, se saludan con un "Feliz Navidad", caminando por la calle del barrio La Tablada de Rosario. Amez llegó a su casa y marcó el número de la casa de Alejandro Verón, quien, exaltado por la hora, se sorprendió por el "Feliz Navidad" de su amigo. A partir de allí, se sucedieron las reuniones en las que aumentó el número de fieles y agregaron el 22 de junio como fecha de "Pascuas Maradonianas". De aquella charla de amigos a tener 40.000 fieles en todo el mundo.

30 DE OCTUBRE DE 1960: FUE DESEO DE DIOS

Nació en el Policlínico de Lanús a las 7.05 de la mañana. Fue el primer varón de la familia.

"La felicito, señora. Está sanito el nene. Fuerte como un toro". Doña Tota lo miró con la ternura que solo una madre sabe tener: "Pelusa", exclamó al verlo, mientras a don Chitoro se le salía el corazón porque era el primer heredero de su apellido en la familia. Al día siguiente, lo anotaron en el Registro Nacional de las Personas como Diego

Armando Maradona, con domicilio en Azamor y Mario Bravo, Villa Fiorito, Lanús. Aquel domingo nacía uno de los mayores mitos de la historia argentina.

31 DE OCTUBRE DE 1976: EL TITULAR

Primer partido como titular en su carrera cuando Argentinos visitó a Newell's en el Parque Independencia.

"Avisale al pibe habilidoso que traés que a la primera que toque va al alambrado", le advirtió José Orlando Berta a Juan Carlos Montes, vía teléfono, el día anterior, aprovechando la cordial relación que los unía. Sin embargo, Diego no dudó y tiró un caño, por más que el partido fue una pesadilla para aquel Argentinos donde cayó 4-2 sin atenuantes y el Pelusa completó los 90 minutos.

31 DE OCTUBRE DE 1993: EN UN RINCÓN DEL MUNDO

Retorno oficial a la selección en el partido de ida ante Australia por el repechaje para USA 94.

Sídney se rindió a los pies de ese capitán forastero que había tomado las riendas de un equipo que mostró dos años de altos rendimientos, pero se tildó en la etapa definitoria. Como siempre que la palabra selección lo llamaba, él respondía: "Siempre listo". Se preparó a puro sacrificio, cargó el combustible espiritual y absorbió toda la presión de millones de argentinos que lo veían como el único salvador. En el césped mostró pincelazos, como la jugada por derecha y centro perfecto de zurda para el gol de cabeza de Abel Balbo. El empate de Vidmar, pocos minutos después, dejó establecido el 1-1 final y toda la definición pasaba para 18 días más tarde en Buenos Aires.

NOVIEMBRE

1 DE NOVIEMBRE DE 1981: MONUMENTAL

Doblete ante River como visitante en el 2-2 del torneo Nacional.

Con la idea del retiro ya archivada, jugó su último superclásico del primer ciclo en Boca. River sacó ventaja gracias a un golazo de J. J. López desde casi la raya central dentro de una actuación de Diego con chispazos de calidad que incluyeron varios slaloms que desarmaban la defensa millonaria. Sobre el final del primer tiempo, un chanfle perfecto de zurda tocó el poste y se metió. En la segunda mitad, José María Vieta puso de carambola el 2-1, resultado que se mantuvo hasta el minuto final, cuando el 10 peinó para Brindisi, que fue derribado por Gallego dentro del área. El árbitro, Teodoro Nitti, advirtió que solo quedaba patear el penal y se terminaba. Entonces cruzó el zurdazo engañando al Pato Fillol para el empate definitivo.

2 DE NOVIEMBRE DE 1977: EL PRIMER GRANDE

Primeros goles sobre un equipo grande en la victoria 2-1 de Argentinos sobre Boca en la Bombonera.

El equipo del Toto Lorenzo fue dominador durante la primera etapa y dispuso de tres situaciones claras para abrir el marcador. Sin embargo, la falta de contundencia fue aprovechada por Argentinos, que en el segundo tiempo se adueñó del mediocampo y tuvo a Diego

iluminado para señalar un doblete gracias a las fallas defensivas de los xeneizes.

2 DE NOVIEMBRE DE 1980: LETRA Y MÚSICA

Marcó un memorable gol tras una jugada individual en el triunfo 2-1 sobre San Martín de Mendoza por el Nacional.

Recibió un pase de Carabelli por derecha y empezó a dibujar: pasó entre Vergara y Fernández, cortó hacia su diestra, cuando encaró para el arco observó que tenía encima al arquero Tagnanone, entonces metió el freno pasando entre Pezzatti y Vergara, quien logró por un instante ganarle la posición hasta que Diego, con su pierna más hábil, se la llevó y, ante el cierre in extremis de Olivera, tocó suave de derecha. Golazo para ganar un partido complicado en La Paternal.

3 DE NOVIEMBRE DE 1978: EN EL COSMOS

Partido amistoso con la selección juvenil ante el Cosmos de Nueva York en Tucumán, donde fue la figura de la noche.

A los cinco minutos del primer tiempo puso la ventaja ante un rival que contaba con cracks de la talla de Franz Beckenbauer y Giorgio Chinaglia. El rendimiento colectivo de aquel equipo desbordó todas las expectativas del público que colmó el estadio de La Ciudadela, donde mostró una primera media hora de juego al más alto nivel. Luego el trámite se equilibró, pero Diego mantuvo un rendimiento superlativo para sostener un 2-1 histórico. Beckenbauer se le acercó para dedicarle un "Very good, very goood" juntando el pulgar y el índice. También el italiano Chinaglia se asombró con la actuación de la selección de Menotti: "Si con cuatro días de entrenamiento hacen esto, con cuatro años de trabajo son invencibles".

3 DE NOVIEMBRE DE 1985: EL GOL IMPOSIBLE

Su mayor obra de tiro libre para vencer 1-0 a la Juventus en el San Paolo.

Minuto 72 en medio de la lluvia que aumentó la épica de lo que estaba por pasar. Tiro libre indirecto, ideal para un zurdo pero con muy poco recorrido para darle el chanfle acostumbrado. El golpe de pelota pasó por arriba de la barrera y desafió toda ley física posible gracias a una rosca única, irrepetible, que el vuelo estéril de Stefano Tacconi hizo más espectacular. El gol imposible quedaba para la historia, como desactivado el 8/8 perfecto de la Juventus hasta esa tarde. En el duelo de genios contra Michel Platini quedaba grabado su apellido. "Se lo dedico a la gente que vivió con gran entusiasmo toda la semana previa", declaró un Diego que años después reconoció que aquella maravilla lo metió en el olimpo napolitano.

4 DE NOVIEMBRE DE 2008: AL FINAL HAY RECOMPENSA

Después de muchos años deseando la oportunidad, fue presentado formalmente como entrenador de la selección argentina.

"Hoy es un día especial para el fútbol argentino. Maradona es el nuevo director técnico y Carlos Bilardo, el secretario de la selección", abrió la tarde Julio Grondona, y repartió el juego para el gran protagonista que encontraba lo que había estado buscando. Con su esposa, Claudia, y sus hijas, Dalma y Giannina como testigos, fue presentado en el predio de la AFA. "Para mí es un honor y es cumplir un sueño poder estar como técnico de la selección al lado de Carlos. Tenemos que estar todos satisfechos enormemente, tratar de empujar juntos para poder llevar al fútbol argentino a esos 10 o 15 centavos que nos vienen faltando", señaló Diego vestido de impecable traje oscuro y corbata azul. Días después, designaría a su cuerpo técnico, que integraron Alejandro Mancuso y Héctor Enrique como ayudantes de campo y Fernando Signorini como preparador físico.

5 DE NOVIEMBRE DE 2018: EL SOLIDARIO

Con todo Sinaloa festejando la clasificación a la liguilla final, participó de una cena solidaria para los damnificados por las inundaciones en la ciudad.

Mientras toda la ciudad enloquecía con la campaña de Dorados, que, a base de cinco triunfos consecutivos, había salido del fondo

de la tabla y clasificado a los playoffs para la final por el ascenso a la Liga, Diego invitó vía Instagram a una cena solidaria para los que estaban sufriendo las secuelas del paso de una tormenta tropical durante septiembre. "Los invito a todos a ser parte de esta noble causa", escribió en su cuenta. A todos los asistentes se les obsequió una pelota autografiada por el 10.

6 DE NOVIEMBRE DE 1995: MAESTRO INSPIRADOR

Visitó la Universidad de Oxford, donde recibió la mención de "Maestro inspirador".

Le pusieron la toga sobre los hombros mientras recibía el diploma que lo acreditó como "Maestro inspirador de los que todavía sueñan". Lo que parecía un ambiente solemne se quebró cuando uno de los novecientos presentes en el recinto le arrojó una pelotita de golf para hacer jueguito. Los movimientos fueron extraordinarios y se llevó una ovación futbolera, al tiempo que aclaraba que esos malabares siempre los había hecho con zapatillas. Diego leyó un breve discurso, respondió las preguntas del auditorio (muchas referidas al Argentina-Inglaterra de México 86) y se marchó feliz con su comitiva para emprender el regreso a su actualidad boquense.

7 DE NOVIEMBRE DE 1990: QUESO RUSO

La Copa de Campeones con el Napoli volvió ser un sueño imposible luego de la derrota ante el Spartak de Moscú en octavos de final, donde arrancó como suplente.

"Teníamos que irnos a Moscú y Diego no estaba", recordó Ciro Ferrara en el especial Maradona confidencial, que emitió National Geographic. Aquel partido tuvo una expectativa de 300.000 solicitudes de entradas, pero "solo" 102.000 pudieron ocupar las tribunas del CS VI Lenin, imantadas por su presencia, que recién ocurriría faltando 25 minutos para el pitazo final, cuando ingresó por Gianfranco Zola. Su inclusión en el banco de suplentes correspondió a que arribó a la capital de la URSS en un avión privado luego de solucionar inconvenientes personales. El 0-0 se firmó luego de 120 minutos de juego trabado, y la derrota fue consecuencia de la definición por penales, en la cual convirtió el suyo, pero que no alcanzó para evitar la eliminación.

7 DE NOVIEMBRE DE 2005: TV MAN

Finalizó su ciclo televisivo La noche del 10, que se emitió durante catorce semanas por la pantalla de Canal 13 de Buenos Aires.

El show consistía en invitados top que se sometían a las preguntas directas del 10. Desde Pelé hasta Lionel Messi, pasando por María Grazia Cucinotta o Mike Tyson, y presencias de Roberto Gómez Bolaños, Marcelo Tinelli, Susana Giménez, Joaquín Sabina y Raffaella Carrà, entre otros. Además, se elegía una carta de los televidentes para compartir y en algunos programas se jugaba al fútbol tenis o torneos de penales contra Sergio Goycochea. "No quise seguir porque la presión de hacerlo en vivo era muy grande y además te marcan todo lo que tenés que hacer", confesó a El Gráfico años más tarde.

8 DE NOVIEMBRE DE 1981: EL CHICO DIEZ

Descollante actuación y tripleta ante Instituto en el Chateau Carreras.

En el 4-1 final su influencia no solo se centró en aquellos tres goles convertidos, dado que se paró casi como una punta más y se asoció con el Chino Benítez para crear, además del Tigre Gareca para la contundencia. Sus goles de emboquilladas de aquella tarde cordobesa fueron calcados: dos piques al vacío y toque suave por arriba con zurda. El restante cruzó el penal luego de otro unipersonal. Con el resultado sellado, la multitud presente asistió a un recital maradoniano que justificó la ovación de todos cuando se retiraba a vestuarios.

9 DE NOVIEMBRE DE 1980: EL GORDITO CATÁSTROFE

Cuatro goles a Boca en el histórico 5-3 de Argentinos por el torneo Nacional.

"Acordate, Jorge, que hoy les hago cuatro". El tono de voz enojado no evitó la carcajada de Cyterszpiler. Diego había quedado caliente

tras conocerse una declaración polémica de Hugo Gatti: "Tengo la sensación de que en pocos años será un gordito", y salió con el tanque lleno aquella tarde en Liniers: 1) Rabona entrando al área, mano de Hugo Alves y penal suave a la derecha de Gatti. 2) Foul de Ruggeri parando una sensacional escalada por derecha. Acomodó y sacó un zurdazo que sorprendió al Loco. 3) Pase de Pedro Pasculli, la bajó con el pecho, se metió por derecha y definió de cachetada al segundo palo. 4) Tac tac con Pasculli por el medio de la defensa xeneize hasta que Abel Alves lo derribó en el límite del área. Él pidió penal, pero el juez pitó afuera. El zurdazo seco que infló la red del arco del tablero electrónico disipó cualquier duda. Su última gran función con la camiseta del Bicho ya estaba completa, así como también su venganza contra la lengua filosa del arquero.

10 DE NOVIEMBRE DE 2001: LA PELOTA NO SE MANCHA

Partido homenaje en la Bombonera repleto de emociones antes, durante y después.

La voz maravillosa de su pueblo acompaño con el greatest hits de melodías maradonianas toda la previa, el partido y el discurso de despedida. La camiseta 10 argentina relucía en cada movimiento hasta que, promediando el segundo tiempo, se quedó con la de Boca. La selección de Bielsa por un lado, estrellas del fútbol mundial de todos los tiempos por el otro. Hasta Pelé no se lo quiso perder. Ese 6-3 fue lo menos importante en la soleada y ventosa tarde de La Boca porque los imperceptibles duendes del fútbol trajeron al estadio la carga nostálgica de una carrera sin igual. Diego sollozaba, tomó el micrófono, agradeció a los presentes, se quebró aún más: "Yo me equivoqué y pagué pero… la pelota no se mancha", frase para el bronce que se cerró entre el aplauso que no tapó su pedido final: "Se los pido de verdad: que este amor no termine nunca".

11 DE NOVIEMBRE DE 1979: TRICOTA SABALERA

En medio de un partido con pocos atractivos, convirtió los tres goles del triunfo de Argentinos ante Colón por el Nacional.

Los espectadores de la tarde primaveral de Villa Crespo estaban a puro bostezo hasta que un penal ejecutado sobre el final de la primera etapa potenció su actuación personal. Tras regresar del descanso, señaló el segundo y entró en modo destructivo hasta convertir el tercero, luego de una jugada repleta de toques donde intervino todo el equipo e hizo gozar al grito de "ole" a los mismos que se aburrían una hora atrás. Argentinos se encaminaba a la fase final del certamen.

11 DE NOVIEMBRE DE 1987: REY DE ARABIA

Revolucionó al mundo árabe cuando participo de un partido de celebración por los 50 años de vida del club Al-Ahli de Arabia Saudita.

Luego de su sobresaliente mundial en México, todo el mundo futbolístico requería de su presencia en partidos amistosos. Pese a la negativa de la dirigencia napolitana temiendo lesiones, aseguró su presencia en el cumpleaños 50 del Al-Ahli. El resultado final fue 5-2 para su equipo contra el Brondby de Dinamarca, donde Maradona anotó dos tantos, uno de ellos brillante de emboquillada por encima del arquero, y metió otros tres pases gol. Todos los presentes en el estadio le dedicaron ensordecedoras ovaciones en cada gol y, al finalizar el partido, recibió regalos muy valiosos por parte de la dirigencia del club.

12 DE NOVIEMBRE DE 1995: BRONCA DE LA BRAVA

Recibió la quinta amarilla jugando contra Banfield, que impedía su participación en el siguiente partido de Boca Juniors, y estalló de bronca.

"Lo vi muy apurado al árbitro Cordero para sacarme la tarjeta. Creo que muchos preferían que me amonestaran hoy para no jugar contra Central y asegurar mi presencia en el Superclásico. Ahora no sé si voy a jugar contra River. Lo peor es que creo que fue alguien de adentro de Boca quien dio la orden". Un Maradona furioso explotó delante de los micrófonos luego del cómodo triunfo xeneize 2-0 ante Banfield en el estadio de Independiente. Había acumulado cuatro amarillas y, si no era amonestado esa tarde, quedaba en riesgo de no estar en el River-Boca si la recibía contra Central seis días después.

13 DE NOVIEMBRE DE 1974: FIN DEL SHOW

Se anunció oficialmente el fin del programa Sábados circulares, que conducía Nicolás "Pipo" Mancera, show donde apareció por primera vez en televisión, en 1971.

Tras la exhibición realizada en aquel entretiempo del partido entre Argentinos Juniors y Boca, la repercusión alcanzada llegó a oídos de Pipo Mancera, conductor número uno de la televisión argentina del momento. Por ello, fue convocado para realizar sus malabares con la pelota en el mismísimo estudio. "Recuerdo que mi mamá, la Tota, me compró unas zapatillas Flecha nuevas para aquel día. En un principio, la idea fue hacer una entrevista de cinco minutos. Pero los invitados principales, Los Cinco Latinos, se retrasaron, y tuvieron que estirar mi entrevista. Me tuvieron 45 minutos haciendo jueguitos delante de las cámaras. Fue mi primera aparición en la televisión", recordó Diego en sus redes sociales cuando falleció Gerardo Sofovich, productor general del envío. Aun con gran audiencia, Mancera y Canal 11 acordaron finalizar el programa y el conductor se radicó en Francia durante varios años.

14 DE NOVIEMBRE DE 1976: QUÉ LINDO ES ESTAR EN MAR DEL PLATA

Convirtió los dos primeros goles de su carrera en la victoria de Argentinos 5-2 sobre San Lorenzo de Mar del Plata.

Dos semanas después del debut en primera, llegaron los goles. El escenario fue el antiguo estadio San Martín de Mar del Plata, donde sustituyó a Rubén Giordano en el inicio del segundo tiempo, cuando el cotejo estaba empatado 1-1. Según la crónica del diario La Capital, el ingreso del joven Maradona fue decisivo para volcar el trámite para el cuadro visitante. Cada intervención suya provocaba el aplauso de los 1455 espectadores presentes, quienes quedaban maravillados por su atrevimiento. Hasta que, sobre los 42 minutos del complemento, Pelusa esquivó a tres rivales, alargó a López y, tras recibir la devolución, con un zurdazo cruzado y bajo batió a Lucagnoli, quien volvió a sufrirlo cuando tocó a la red un pase de Ingaramo. Años después, se conocieron dos historias adicionales de aquel partido: la pelota con que conquistó ambos goles están en poder de la familia del arquero marplatense (fallecido en 2005), y en 2018, se descubrió que las fotos publicadas correspondientes al segundo gol fueron erróneas y que la imagen correcta ilustró la noticia de tapa del diario marplatense sobre la goleada que había sufrido el conjunto local.

15 DE NOVIEMBRE DE 1981: SOMBRERITUS

Último gol oficial de su primer ciclo en Boca, cuando su equipo venció 3-0 a San Lorenzo por el Nacional.

Cerca del cuarto de hora del segundo tiempo, recibió de Cacho Córdoba sobre la izquierda, hizo la pausa, se metió en el área y dibujó un suavecito zurdazo de emboquillada sobre el arquero. Golazo muy festejado porque liquidaba el partido ante aquel equipo azulgrana que se estaba despidiendo de la primera división. En los registros quedó como el gol 28 en partidos oficiales con la camiseta azul y oro, último en campeonatos AFA hasta octubre de 1995 (ver efeméride del 15 de octubre). Aquella tarde también tuvo tiempo para una gambeta que juntó rivales por el lado derecho y se dio el espacio para meter un centro ideal para que Ricardo Gareca de palomita convirtiera el tercero.

16 DE NOVIEMBRE DE 1980: NO ME DIGAS ADIÓS

Últimos dos goles con la camiseta de Argentinos Juniors, que no evitaron la derrota 3-2 ante Huracán.

El esquema táctico del DT local, Eduardo Janín, se basó en una celosa marca escalonada para que el 10 no tuviera espacios de maniobra. Cuando logró zafar, él solo puso contra las cuerdas al Globo mediante dos golazos: el primero, tocando suavemente sobre la salida de Rigante, y el segundo, con un tiro libre de maestro que se incrustó en el ángulo superior izquierdo. No alcanzó para evitar la derrota, pero quedaron en la historia como los últimos dos goles del Pelusa de sus 116 oficiales vistiendo la camiseta del Bicho.

17 DE NOVIEMBRE DE 1976: SUEÑO DE BARRILETE

Luego de sus primeros dos goles en primera, el periodista Horacio Pagani le realizó un amplio reportaje para el diario Clarín titulado de esa manera.

El tímido adolescente que había jugado apenas cinco partidos en primera recibía al periodista de fútbol del diario más vendido. Diego lo recibió tímido, arisco y sin darle un centímetro de confianza: "No le gustaba posar para el fotógrafo, aunque finalmente logramos que saliera parado haciendo equilibrio con la pelota", recordó Pagani. "No lo puedo creer esto de llegar tan rápido. Me lo tomo con soda porque puedo llegar a enloquecerme", fue su primera respuesta del reportaje. Luego sus sentencias más importantes fueron estas: "Estoy cursando el tercer año del Comercial, quizá no pueda seguir, yo quiero jugar a la pelota". "Bochini es mi ídolo, es un fuera de serie". "Nunca tuve miedo a los golpes, me gusta gambetear".

17 DE NOVIEMBRE DE 1993: BOLETO PARA PASEAR

Bajo su capitanía, la selección argentina dejó atrás el sufrimiento y consiguió el pasaje al mundial de los Estados Unidos, tras vencer 1-0 a Australia en el repechaje.

Ansiedad, angustia, nervios y estallido final. Por todas esas estaciones pasaron tanto el público que completó el Monumental como los jugadores argentinos. Los australianos tenían en claro que la obligación era de la albiceleste, por lo que impusieron su idea de cortar todos sus circuitos de juego. Cuando la desesperación invadía Núñez, llegó la corrida de Batistuta por la derecha, su remate fuerte que se desvió en Tony Vidmar, se elevó, complicó al arquero Robert Zabica, pegó en el segundo palo y se metió. El desahogo sirvió para liberar tensiones y que Diego se pusiera el traje de protector de la clasificación durante todo lo que faltaba. Encabezó el saludo final en medio de la euforia, se golpeó el pecho y se llevó el reconocimiento de su pueblo. "Quiero agradecer a todos los que hicieron posible mi vuelta. En especial a Grondona, al Coco, a mis compañeros por haberme recibido nuevamente en esta selección después de haberme alejado un poquito. La selección es esto: alegría, sufrimiento porque nadie te regala nada y quiero compartirlo con todos los argentinos. La historia, por suerte, no falló", expresó extenuado en vestuarios.

18 DE NOVIEMBRE DE 1984: TUMULTUOSO

Primera expulsión en el Calcio por un altercado con el volante de Ascoli, Enrico Nicolini.

La visita al estadio Cino e Lillo Del Luca había comenzado ideal porque un tiro libre suyo, tras pegar en el travesaño, fue empujado a la red por Penzo. En la segunda parte, llegó el empate local y minutos después forcejeó con Nicolini. La refriega terminó con un empujón del 10 que el referí Cutili consideró jugada de expulsión. "Es un malentendido, soy inocente, nunca he sido expulsado por algo así, no sé qué decir, siento una inmensa tristeza, para mí el balón es todo". Seis días después, Diego convenció a la Disciplina para que revocara la suspensión y pudo jugar ante Cremonese por la siguiente jornada.

18 DE NOVIEMBRE DE 1987: SON COMO NIÑOS

Junto a sus hermanos, Turco y Lalo, jugaron un amistoso a beneficio para el club Granada de España ante el Malmö de Suecia.

En aquella temporada, el club andaluz, que militaba en segunda división, había fichado a Lalo, el menor de los Maradona, y como parte del trato se negoció que en el partido de presentación los tres hermanos jugarían un amistoso vistiendo la camiseta rojiblanca. Todo se llevó a cabo en el mítico estadio de Los Cármenes, hogar del Granada. Con el brazalete de capitán y el número 9 en la espalda, Diego encandiló a los miles de espectadores que abarrotaron las gradas y consiguió firmar un bonito gol de tiro libre, marca de la casa.

19 DE NOVIEMBRE DE 2008: BOMBÓN ESCOCÉS

Debut como entrenador de la selección argentina en la victoria 1-0 sobre Escocia con gol de Maximiliano Rodríguez.

Con el pitazo final del alemán Felix Brych, apretó fuerte el puño derecho y abrazó uno por uno a quien pasaba por su lado. No exteriorizó

toda la alegría que significaba para él dar el primer paso como DT de la selección con una victoria, porque Giannina estaba atravesando problemas durante el embarazo de su primer nieto, Benjamín. Su equipo había mostrado una actitud voraz en el comienzo, por lo que a ninguno de los presentes en el Hampden Park sorprendió el gol de Maxi Rodríguez, luego del armado de Tevez y el pase de Jonás Gutiérrez. La segunda etapa fue de control. El primer examen resultó aprobado.

20 DE NOVIEMBRE DE 1988: IMBORRABLES MOMENTOS

Espectacular 5-3 ante la Juventus en Turín, con actuación memorable de su socio Antonio Careca.

Uno de los partidos más recordados por los tifosi napolitanos en aquel lustro dorado. Las ropas de héroe se las puso Careca, autor de una tripleta y otras jugadas lujosas en sociedad con Diego, quien no se hizo presente en la red pero participó activamente en el circuito de juego que permitió al cuadro de Ottavio Bianchi hacer historia en el mismísimo Delle Alpi.

20 DE NOVIEMBRE DE 1994: CASI FAMOSOS

Su Mandiyú de Corrientes sacó un digno 2-2 en el Monumental ante el River campeón invicto.

La campaña venía de mal en peor, sin triunfos y con muchos problemas de funcionamiento de equipo. Sin embargo, aquella tarde salió al Monumental sin prejuicios y metió dos manos que hicieron tambalear a uno de los mejores campeones de River a lo largo de su historia. Los golazos de Roberto Muller y Guido Alvarenga sacaron una ventaja impensada por propios y extraños, hasta que, sobre el final del primer tiempo, Enzo Francescoli de penal y Marcelo Gallardo lograron la paridad que el cuadro correntino supo aguantar en los siguientes 45 minutos.

21 DE NOVIEMBRE DE 1993: MÁS NEGRO QUE ROJO

Completó 180 minutos jugando para Newell's contra Belgrano en Córdoba y 72 horas después ante Gimnasia de La Plata en Rosario.

"En Argentinos Juniors nací peleando el descenso", contaba entre risas cuando le marcaban que los leprosos estaban en situación complicada por la magra campaña realizada por Jorge Solari como DT, que desembocó en su salida. "Ahora se vuelve a empezar y yo quiero que respeten mis condiciones", reclamaba antes de perder 1-0 contra los celestes en un Chateau Carreras casi lleno. El miércoles siguiente, Jorge Castelli asumió formalmente la dirección técnica de Newell's cuando tanto él como sus compañeros cumplieron una deslucida tarea contra el lobo platense sin abrir el marcador. Los murmullos finales de la multitud mostraban que la paciencia se había agotado.

22 DE NOVIEMBRE DE 1992: ESCANDÁLOSAMENTE DIEGO

Convirtió su mejor gol de la campaña en Sevilla, que venció 2-1 a Celta como visitante en accidentado trámite.

Tarde caliente de otoño en Vigo. No por la temperatura exterior, claro está. Gudelj adelantó a los locales a los tres minutos. La reacción llegó rápidamente en los pies de Diego cuando ejecutó con maestría un tiro libre perfecto que batió a Santiago Cañizares, hasta entonces el arquero menos vencido de la Liga. El estadio entero se levantó para aplaudir su obra. El defensor Bango adelantó a los andaluces y desde allí se armó un partido muy caliente en el que colaboró el mal desempeño del árbitro Díaz Vega, quien encendió la bronca del público local (con un infartado de miocardio incluido) expulsando a Ratkovic, Juric, Engonga y Gudelj por protestar fallos. Hasta Maradona se solidarizó con sus colegas: "Me parece pésimo que se echen jugadores por protestar", apuntó desde el vestuario ganador.

23 DE NOVIEMBRE DE 1980: 166 VECES

Último partido oficial en Argentinos Juniors, cuando vencieron 2-1 a Platense.

El Bicho se puso rápidamente en ventaja con gol de Silvano Espíndola y manejó el trámite desde una postura de contragolpe, donde Diego encontró espacios para complicar al rival que atravesaba un buen momento futbolístico. El descuento calamar le puso emoción a los minutos finales, pero no alcanzó. Argentinos ganó su zona, pero no pudo contar más con el Pelusa porque quedó afectado al trabajo de la selección argentina con vistas al Mundialito de Uruguay. Su etapa romántica había terminado.

24 DE NOVIEMBRE DE 1990: EL NORTE ES EL QUE ORDENA

El presidente del Milan, Silvio Berlusconi, le realizó una oferta concreta para incorporarlo a su representante, Marcos Franchi, cuando visitaron la ciudad para enfrentar al Inter.

Lo había intentado en el mercado de verano antes del Mundial de Italia, ofreciendo por su pase 12 millones de dólares y diferentes actividades en su Canal 5. Sin embargo, Maradona fue claro con el zar milanista: "Nunca voy a jugar en un equipo que no es Napoli en Italia, no puedo traicionar las expectativas que los hinchas del Napoli tienen hacia mí". Sin retroceder, el empresario esperó una oportunidad para concretar su sueño de juntarlo con sus joyas holandesas, Ruud Gullit y Marco Van Basten. Entonces, aprovechó la visita del flamante representante de Diego a la ciudad, cuando Napoli esperaba por el duelo de la décima fecha de la temporada, para sorprenderlo con la oferta sobre la mesa, que volvió a ser rechazada.

24 DE NOVIEMBRE DE 2018: SORPRESA Y MEDIA

Tras tomar al equipo en una situación desoladora, clasificó a Dorados para la final de la Liguilla por el ascenso.

La serie de semifinales contra los Bravos de Juárez se resolvió por la contundente victoria 3-0 en la ida y se soportó aquella noche de sábado, mucho más después del primer gol local que convirtió Leonardo Carrijo de penal. Luego del pitazo final, se abrazó con Luis Islas, su colaborador más cercano, y buscó a su arquero, Gaspar Servio, para reconocer su actuación fundamental para mantener la diferencia. En el vestuario, estalló el "de la mano de Maradona todos la vuelta vamos a dar", ilusión que chocó de frente en el alargue de la final ante Atlético San Luis, donde cayó por un global de 3-4.

25 DE NOVIEMBRE DE 2005: SENIOR FÚTBOL

Integró el equipo Senior de Boca Juniors en la goleada 8-1 sobre su par de Argentinos Juniors.

Dos semanas antes, había jugado en la Bombonera un duelo de equipos seniors con la camiseta de Boca frente a Racing Club, en la previa del choque por cuartos de final de la Sudamericana ante Inter de Porto Alegre. Con 45 años recién cumplidos, se animó a más y pidió jugar ante los veteranos de Argentinos Juniors en el predio de Casa Amarilla, donde marcó dos tantos de la potente goleada sobre el club que lo vio nacer futbolísticamente.

26 DE NOVIEMBRE DE 1994: SAPUCAY

Única victoria como director técnico de Mandiyú, cuando sus dirigidos derrotaron 3-0 a Gimnasia y Esgrima de Jujuy en Corrientes.

A la fecha siguiente del meritorio empate ante River, el impulso que generó ese resultado positivo repercutió seis días después, cuando un arrasador cuadro algodonero barrió de la cancha al recientemente ascendido Gimnasia y Esgrima de Jujuy por 3-0. Díaz, Wilson Núñez y Alvarenga decretaron la única alegría en su ciclo como entrenador del Deportivo Mandiyú.

27 DE NOVIEMBRE DE 1982: BAILA, MERENGUITO

Disputó su primer derbi español en la victoria 2-0 del Barcelona ante Real Madrid como visitante.

Su estreno en el máximo clásico español se concretó dentro de un entorno complejo: Barcelona estaba obligado a ganar en el Bernabéu y para que eso sucediera él debía estar a pleno. Respondió a la presión con la participación activa en ambos goles, que otorgaron una victoria muy festejada. El primero, cuando recibió de Schuster, encaró en veloz contraataque para el área madridista, amagó ante Bonet y dejó

solo a Esteban para que simplemente la tocara al gol. El segundo, cuando metió un pase en cortada perfecto para que Quini la colocara alta sobre la salida de Artola.

27 DE NOVIEMBRE DE 1988: MILANESAS A LA NAPOLITANA

Histórico 4-1 sobre Milan en el San Paolo con golazo de cabeza desde la puerta del área.

"Cuando vino el pase al vacío, corrí a buscarla y como picó solo podía definir de cabeza. Me daba lo mismo con lo que fuera, solo quería hacer el gol". Diego explicaba su repentización en un vestuario eufórico por otra goleada contra un peso pesado del norte, como había sucedido siete días antes contra la Juventus. Su obra maestra rompió el cero sobre el final de la primera etapa, que terminó con mayor diferencia cuando le ganó un rebote a Alessandro Costacurta y tocó para que Careca sometiera a Galli. El festival napolitano prosiguió en el complemento gracias a los goles de Francini y otro del romperredes brasileño.

28 DE NOVIEMBRE DE 1993: DURMIENDO CON EL ENEMIGO

Enfrentó a Boca en la Bombonera, pero no pudo evitar la derrota de Newell's 2-0 contra el equipo de Menotti.

Tarde de reencuentros para Diego. Todo el afecto del jugador número 12 lo recibió como un jugador propio cuando pisó la Bombonera totalmente colmada. La ovación se agigantó cuando los dirigentes xeneizes entregaron una plaqueta y al acercarse al banco de suplentes local donde se saludó afectuosamente con César Luis Menotti. Del partido, poco para rescatar. Boca se puso rápidamente en ventaja con goles de Alberto Acosta y Sergio Martínez, su equipo no tuvo reacción y él dispuso de un tiro libre en el borde de la medialuna que pegó en la barrera.

29 DE NOVIEMBRE DE 1984: CADA DÍA MÁS

La cantante argentina Valeria Lynch lanzó su disco Cada día más, que incluía la legendaria canción que fue usada en la película Héroes.

La épica maradoniana de México 86 tuvo banda de sonido seis meses después gracias a la película Héroes. La canción "Me das cada día más", interpretada por Valeria Lynch, fue usada por los cineastas ingleses como fondo de los relatos apasionados de José María Muñoz y el compilado de imágenes eternas de aquella gesta. El 10 llevaba tatuada la selección ("En las buenas y en las malas, a mi lado siempre tú..."), jugando como nunca jamás nadie lo pudo hacer ("De una forma sobrehumana..."), todo el país subido a la alegría que le regaló ("Mi buen amor, mi gran amor, siempre conmigo..."). La canción, que formó parte del álbum Cada día más, fue compuesta por el cantante Paz Martínez y por Víctor Yunes, quienes optaron por Valeria para interpretarla, sin dudarlo: "Primero, porque canta maravillosamente bien y la obra se potencia con una gran intérprete; segundo, porque cobraríamos muy buen dinero por derechos de autor", reconoció el Paz Martínez.

30 DE NOVIEMBRE DE 1977: CHOCOLATE AMARGO

Falló por primera vez un penal en su carrera, cuando Héctor Baley se lo contuvo en el empate 2-2 entre Argentinos y Huracán.

En los dos partidos anteriores, había convertido sin problemas ante Unión y Atlético Ledesma de Jujuy. Sobre el cuarto de hora, Jorge Carrascosa lo derribó dentro del área; acomodó la pelota, pero esta vez Chocolate Baley adivinó sus intenciones y desvío el remate. Por primera vez, el joven prodigio del fútbol nacional no cambiaba un penal por gol y sería la única vez que el arquero campeón del mundo en 1978 iba a poder atajarle uno. Al ratito, René Houseman metió un doblete para el Globo y los bichos colorados lograron el empate sobre el final con goles agónicos de Jorge López y Carlos Fren.

DICIEMBRE

1 DE DICIEMBRE DE 1986: EL HOMBRE DEL AÑO

La revista de fútbol francesa Onze publicó un extenso reportaje titulado “El rey del mundo”.

La prestigiosa publicación realizó, entre lectores de todo el mundo, su habitual encuesta, donde se elegía al mejor futbolista del año. Obviamente, Diego arrasó en la votación, y la revista le dedicó la nota principal del último mes de 1986, a cargo del periodista Jean-Pierre Frimbois, ilustrada con las fotos de aquella producción realizada en el San Paolo donde hacía malabares con un globo terráqueo, y en tapa con el Onze d’Or, galardón realizado en oro, cuya forma replica el nombre de la revista.

2 DE DICIEMBRE DE 1981: EL QUE SE CALIENTA PIERDE

Fue expulsado en su último partido de la primera etapa en Boca cuando los xeneizes batieron 2-1 a Vélez en la ida de cuartos de final del Nacional.

Juan Carlos Montaño, DT de Vélez, se paró ante Abel Moralejo y le exigió: “Vos no jugás, pero el 10 tampoco”. Si bien no abusó del juego fuerte, lo maltrató con empujones, agarrones y toques leves, además de perturbarlo desde la lengua. El partido fue jugado con ese mismo tono por el resto de los protagonistas, a tal punto que en la segunda etapa el árbitro Carlos Esposito expulsó a Córdoba y Benítez

por el lado de Boca junto con Larraquy y Segovia en Vélez. Hasta que, faltando diez minutos, harto del pegajoso Moralejo, reaccionó de mala forma y se fue a las duchas con su cancerbero. Aquel instante fue su última acción en el fútbol argentino hasta 1993.

2 DE DICIEMBRE DE 1993: DESGARRÓN

Último partido oficial con la camiseta de Newell's en el empate 1-1 contra Huracán, donde salió desgarrado en el primer tiempo.

Había participado activamente en los ataques de su equipo con centros muy venenosos. Gallucci no pudo conectar en el primero y, tras cartón, córner al corazón del área para que Rodolfo Aquino sacara ventaja a los 12 minutos. Pasada la media hora de juego, sintió el pinchazo que significaba desgarro. La recuperación duró un mes y su relación con Jorge Castelli, DT leproso, nunca funcionó. Esa noche de calor de Parque Patricios, la multitud rojinegra vio por última vez en partidos oficiales a su sueño hecho realidad.

3 DE DICIEMBRE DE 1979: GOLEADOR DE MULTITUDES

El Centro de Periodistas Acreditados en la AFA lo premió con el Balón de Oro por ser el mejor futbolista y máximo goleador de aquel año.

El gimnasio Héctor Etchart de Ferro Carril Oeste se rindió ante la joya indiscutible del fútbol argentino. Más de 70 periodistas de diferentes medios no dudaron en elegirlo por sus actuaciones descollantes de cada domingo y el notable título obtenido con la selección juvenil en Japón. El Balón de Oro, estatuilla de tamaño natural, quedó en sus manos gracias a los 26 goles convertidos en 27 partidos jugando para Argentinos Juniors.

4 DE DICIEMBRE DE 1985: DE ALTA GAMA

Luego de su primer año en Napoli, recibió la primera distinción en Italia como el mejor jugador de la temporada 1984-1985.

El jurado integrado por periodistas y directores técnicos de aquel país lo eligió por amplio margen como el más destacado del campeonato obtenido por el Verona. Totalizó 124 votos, aventajando por 43 al alemán Briegel (pieza clave del campeón) y por 70 votos a Michel Platini de la Juventus (ganador de los dos años anteriores). El premio consistió en un automóvil Alfa Romeo que fue entregado por los directores de los diarios Gazzetta dello Sport, Tuttosport y Corriere dello Sport.

5 DE DICIEMBRE DE 1968: ABRIR LA PUERTA PARA IR A JUGAR

Francis Cornejo realizó la prueba para incorporarlo a las divisiones inferiores de Argentinos Juniors.

"Che, Pelusa, ¿no te animás a probarte en Argentinos?". "¿Quién? ¿Yo, Goyo? ¿A vos te parece?", diálogo de dos purretes, Goyo Carrizo y Diego Maradona, sentados arriba de una pelota. "A mí me impactó, me llamó mucho la atención... yo pensaba que era un enano. Le pedimos la cédula para comprobar su edad y nos dijo que no la tenía. Creíamos que nos estaba mintiendo. Aparentaba ocho años, como Goyo, porque era chiquito de físico, pero jugaba como una persona grande", contó Francis Cornejo cuando lo vio moverse con la pelota. Junto a Carrizo fueron fichados, pero solo podían competir en los campeonatos Evita, dado que la AFA no permitía jugadores menores de 14 años. Así formaron Los Cebollitas y desde allí don Francis avisó: "Voy a vivir para Diego".

6 DE DICIEMBRE DE 1989: MURO ALEMÁN

Se terminó el sueño europeo del Napoli dorado tras la derrota 8-3 en el global contra el Werder Bremen de Alemania en octavos de final de la Copa UEFA.

Podría ubicarse entre el estante de las películas de terror. Los horrores de la última línea napolitana terminaron de sellar una historia que había arrancado torcida en el San Paolo, cuando cayeron 3-2 en la ida. Werder Bremen contó con un imparable Karl-Heinz Riedle, autor de dos goles y apetito voraz para pisotear al vigente campeón por 5-1.

Diego jugó los 90 minutos y fue anulado por la dinámica del equipo que dirigía Otto Rehhagel.

6 DE DICIEMBRE DE 1994: SIN CORRIENTE

Último partido como DT de Mandiyú, cuando empató 0-0 contra Racing en Corrientes.

Solo 967 entradas vendidas en aquella noche veraniega de Corrientes para ver a un equipo que había ganado un solo partido desde su llegada al banco junto a Carlos Fren. Los cortocircuitos con la dirigencia encabezada por Roberto Cruz se habían intensificado, por lo que al duodécimo partido decidió marcharse totalizando una victoria, seis empates y cinco derrotas.

7 DE DICIEMBRE DE 1988: QUEREMOS LA COPA

Clasificación para cuartos de final de la Copa UEFA gracias al global 1-0 contra el Girondins de Burdeos.

Las 58794 personas alentaron ruidosamente desde las gradas, mientras miraban de costado el reloj para que pasaran los minutos y sostener la ventaja conseguida en el Parc Lescure con el gol de Andrea Carnevale. El equipo francés se mostró prolijo pero poco agresivo. Napoli le dio la pelota a Diego, quien esta vez jugó más retrasado, alternando su zurda para administrar o lanzar contragolpes, y en los minutos finales ganó infracciones para enfriar los avances desesperados de los franceses.

8 DE DICIEMBRE DE 1990: CON LA BOCA ABIERTA

Su representante, Marcos Franchi, admitió que existían altas chances de que Maradona regresara a Boca a mediados del año siguiente.

"El sueño de jugar en Boca Juniors tal vez pueda hacerse realidad", reconoció Marcos Franchi, y aceleró todos los corazones xeneizes deprimidos por la intrascendente campaña del equipo durante el torneo Apertura. "Hay otras ofertas, además de las que ya se conocen de Japón y Francia. ¿Qué club del mundo no querría tener a Maradona un par de temporadas, descansado, otra vez con ganas de divertirse? Pero ya no se trata solo de dinero. Por eso, creo que está más cerca de Boca que nunca", recalcó Franchi. Por su parte, en Buenos Aires, semanas después, El Gráfico lo puso en tapa con el título "Ojalá sea la primicia del año: Diego a Boca".

9 DE DICIEMBRE DE 1987: ME QUEDO CONTIGO

Firmó su último contrato con el Napoli, que lo ligaba a la institución del sur hasta 1993.

Su idea era prolongar cuatro años más su estancia en el sur de Italia, pero Ferlaino le ofrecía uno prorrogable, con fecha clave durante el Mundial de Italia, usando el torneo como test para tomar una decisión. Finalmente, después de varios meses de negociación, donde Silvio Berlusconi había movido la tierra napolitana seduciéndolo para jugar en Milan, se acordó la firma por seis años, que contenía un suculento contrato anual más premios dobles en partidos como visitante y un porcentaje de las ganancias producidas por los amistosos.

10 DE DICIEMBRE DE 2000: EL SIGLO DIEGO

En la votación abierta de la FIFA, fue elegido como el mejor jugador del siglo XX por los internautas, pero se decidió, mediante un jurado de notables, que lo compartiera con Pelé.

A Pelé le fue otorgado el galardón correspondiente a las votaciones del jurado de expertos y de la revista oficial FIFA, mientras que a Maradona le quedó el gusto de ser elegido por el público en general, que votó en el sitio de internet del máximo organismo futbolístico. El premio fue otorgado en una ceremonia realizada en el Auditorio del Foro Itálico y contó con la presencia de ambos, lo que la FIFA aprovechó para llamar "la unidad del fútbol". Los resultados de la encuesta abierta mostraron el siguiente margen: 1. Maradona (ARG) 53,60%. 2. Pelé (BRA) 18,53%.

11 DE DICIEMBRE DE 1988: YO TE CONOZCO

Primer enfrentamiento en el Calcio contra Claudio Caniggia. Napoli venció 1-0 a Verona.

El triunfo del Napoli nació cuando Diego cedió un tiro libre para que Alessandro Renica sacara un fierrazo que Cervone no pudo contener. Al rebote fue Crippa, quien de palomita puso a los sureños en ventaja. El primer duelo entre Cani y Maradona quedó del lado napolitano porque el 10 dispuso del gol en dos inspiraciones geniales (un tiro libre por afuera de la barrera y un tiro de emboquillada) que resolvió correctamente el guardameta local. Por su parte, el Pájaro no entró demasiado en juego por culpa del cerco defensivo diseñado por Ottavio Bianchi.

12 DE DICIEMBRE DE 1980: INSOSTENIBLE

Próspero Cónsoli, titular de Argentinos Juniors, reconoció que ya era imposible sostener su contrato.

"Para el club ya es imposible retener a Maradona a pesar de todos los esfuerzos realizados". De los labios del presidente bicho se supo la verdad que ya era vox populi en el ambiente. La deuda con el jugador crecía sin parar pese a todos los amistosos jugados entre semana tanto en el interior como en el exterior y al respaldo económico de algunas empresas nacionales, como la aerolínea Austral. River fue el primero en afinar el lápiz para realizar una oferta, aunque Talleres de Córdoba y Boca no perdían las esperanzas. Lo cierto fue que su ciclo en el club de La Paternal estaba llegando a su fin.

13 DE DICIEMBRE DE 1987: CALENTITOS

Gol de penal sobre la hora para ganar otro duelo contra la Juventus.

Recargado por el acuerdo en la renovación de su contrato bajo las condiciones solicitadas, Diego salió al partido contra la Vecchia Signora con los tanques llenos. A los 26 minutos, utilizó toda su astucia para capitalizar un mal rechazo de Sergio Brío, abrió el pie izquierdo y remató en el aire, pero Stefano Tacconi logró rechazarla. Del rebote Giordano la tocó para que Fernando De Napoli convirtiera el 1-0. Cuando parecía que los sureños soportaban la ventaja, Antonio Cabrini emparejó gracias a un cabezazo que le pasó por encima mientras custodiaba el primer palo. A falta de tres minutos, una mano alta de Favero dentro del área abrió la oportunidad para llevarse el triunfo. Allí fue Maradona para cruzar el zurdazo y limpiar todo el estrés de la semana provocado por los últimos detalles de la firma de su vínculo con un festejo enloquecido de cara a su público.

14 DE DICIEMBRE DE 1976: PRIMER BALANCE

Terminó la participación de Argentinos Juniors en el torneo Nacional, su primer campeonato como futbolista.

Los 6105 pagantes de esa tarde de miércoles en Boyacá y Juan Agustín García fueron testigos del último partido de Diego en el año que su vida cambió para siempre. Newell's derrotó 2-1 a Argentinos; el Pelusa disputó los 90 minutos totalizando once presencias donde convirtió solamente aquellos dos goles ante San Lorenzo de Mar del Plata.

15 DE DICIEMBRE DE 1986: MISTER OLIMPIA

En el mejor año de su carrera, el Círculo de Periodistas Deportivos lo premió con sus tradicionales Olimpia de Plata y Oro.

Compartió la terna junto a Ricardo Bochini y Walter Perazzo, quienes habían mostrado un excelente desempeño en Independiente y San Lorenzo, respectivamente. Obviamente, la estatuilla de plata para fútbol fue suya y, minutos después, el entonces vicepresidente de la Nación, Victor Martínez, entregó en sus manos el Olimpia de Oro al mejor deportista argentino de 1986. "Estoy muy emocionado y lucharé con todas mis fuerzas para estar nuevamente el año próximo", dijo el 10.

16 DE DICIEMBRE DE 1980: UNA ESPECIE DE MAGIA

Maravilloso centro de rabona para el primer gol argentino en el amistoso ante Suiza, convertido por Ramón Ángel Díaz.

Pese al rechazo del público cordobés al partido (se vendieron menos de 18.000 entradas) porque todos apoyaban la causa del Racing local, que se encontraba en plena definición del Nacional contra Rosario Central, la actuación de Diego fue descollante. Antes de los diez minutos, frotó la lámpara desde el lado derecho del área, bailoteó frente al defensor suizo e improvisó con un centro perfecto de rabona para que el Pelado Díaz solo pusiera la cabeza. En sus pies estuvo el cuarto gol de la noche, cuando amagó frente al indefenso arquero y la acarició de zurda al segundo palo. Fue goleada 5-0 de la selección de César Luis Menotti cuando se preparaba para la Copa de Oro de Uruguay.

16 DE DICIEMBRE DE 1987: FIESTA DEL REENCUENTRO

En un estadio José Amalfitani desbordado de público, los campeones mundiales de México se reunieron para la "revancha" ante Alemania Occidental.

Apenas terminado el triunfo contra la Juventus (ver efeméride del 13 de diciembre), emprendió viaje para estar una semana con la selección. Tanto sacrificio valió la pena porque sintió nuevamente el cariño del público argentino en un escenario caliente como el estadio de Vélez, luego del tropiezo en la Copa América. Los alemanes presentaron muchas caras desconocidas, pero el clima de final estuvo presente. Como de costumbre, aportó destellos de su calidad en varias jugadas que provocaron el delirio de la multitud, y gracias a un notable unipersonal por izquierda, donde hizo pasar de largo un par de veces a Matthias Herget para servirle el gol a Jorge Burruchaga, otra vez verdugo de los germanos, en aquel amistoso ganado 1-0.

17 DE DICIEMBRE DE 1982: A LA CAMA

Los doctores del Barcelona detectaron un cuadro de hepatitis que lo marginaría dos meses y medio de las canchas.

La noche anterior no tenía síntomas visibles de la enfermedad; hasta comió un bife y se alegró por sentir apetito. Sin embargo, los resultados de los análisis fueron elocuentes y los ratificó el doctor Bestit: "Maradona padece hepatitis del tipo A que puede considerarse la más benigna. Ya había presentado un cuadro gástrico y luego lo observé amarillo. El tiempo de recuperación será dividido en partes iguales entre la cura y el acondicionamiento físico".

18 DE DICIEMBRE DE 1979: PATRIMONIO NACIONAL

Brindó una conferencia de prensa al arribar a Barcelona, donde declaró que le "gustaba sentirse patrimonio nacional".

La ciudad lo esperó con mucha ansiedad al "Gaucho de Oro", como lo denominaron los medios catalanes. "Realmente estoy sorprendido. Parece que Argentinos Juniors va a jugar la final de la Copa de Europa. Estamos aquí para disputar un partido amistoso y regresar rápidamente a nuestro país", reconoció Diego. "Me agrada que en Argentina se me considere patrimonio nacional. Mi mayor ilusión es triunfar en el fútbol y de ser posible en mi país , donde hoy soy intransferible", respondió ante las preguntas orientadas a saber si estaba en sus planes desembarcar en la institución culé.

19 DE DICIEMBRE DE 1979: CONOCIÉNDOTE

Pisó por primera vez el Camp Nou para jugar para Argentinos Juniors un amistoso ante el Barcelona que terminó 0-0.

Mostró un prodigioso dominio de balón dentro de una actuación irregular, con ráfagas de su talento y siempre rodeado por la férrea marca de Zuviría. En el segundo tiempo, encontró más espacios para desarrollar su juego y arrancó varios a aplausos de los 8000 presentes en la helada noche del Camp Nou. Por otra parte, sus compañeros sostuvieron un tumulto con sus rivales luego de una infracción de Adrián Domenech a Rexach. El amistoso que el Barcelona usó para medir el nivel de maradonismo de su gente terminó sin goles.

19 DE DICIEMBRE DE 1992: BAILÓ AL MERENGUITO

Brillante desempeño ante Real Madrid en el triunfo 2-0 de Sevilla.

Fue un catálogo de sus mejores recursos técnicos aun con la rodilla maltrecha, pero siempre mostrando ideas muy claras para repartir

juego con sentido, e incluso intentó meter muchos pases filtrados para Davor Suker. Sus ganas estaban bien arriba, y todo el Sánchez-Pizjuán lo gozó al máximo porque además el conjunto merengue fue una sombra toda la noche y terminó con solo ocho jugadores en el campo. Una de las jornadas más felices de su paso por Andalucía.

20 DE DICIEMBRE DE 1973: TE PINTÓ LA CARA

Los Cebollitas cayeron en la semifinal de los torneos Evita ante Pinto de Santiago del Estero.

El equipo de Francis Cornejo fue como representativo de Capital Federal a enfrentarse con los otros tres mejores equipos infantiles del país. Aquellos changuitos santiagueños quedaron en la historia por doblegar a los invencibles capitaneados por Diego. "Vas a ser el mejor 10 del mundo". Ante tanta tristeza por la semifinal perdida en la definición por penales, el 10 de Los Cebollitas lloraba sentado a un costado de la cancha, mientras los chicos de Pinto festejaban. César "Pepé" Ganem uno de los changuitos pinteños, con un poco de lástima, le dijo: "No llores, hermano, vos serás el mejor jugador del mundo".

21 DE DICIEMBRE DE 1980: EL HURACÁN DIEZ

Finalizó el torneo Nacional con la consagración de Rosario Central y Diego como el máximo goleador por quinta vez en su carrera.

Jugó solo 13 partidos debido a los compromisos con la selección argentina, pero no evitó que fuese el romperredes del certamen. Sus 18 goles se repartieron entre un póker (el recordado a Gatti), dos tripletas, un doblete y el resto distribuidos entre seis partidos. Cabe destacar que solo sumó dos tantos de penal (Platense y Boca). Así cerró su último campeonato vistiendo la camiseta de Argentinos Juniors.

22 DE DICIEMBRE DE 1999: EL MEJOR DEL SIGLO

Después de una reñida votación, el Círculo de Periodistas Deportivos lo premió con el Olimpia de Platino por considerarlo el mejor deportista argentino del siglo XX.

En la compulsa abierta donde votaron periodistas de todo el país, logró 206 votos contra los sumados por Juan Manuel Fangio (182), Guillermo Vilas (26), Roberto De Vicenzo (16) y Carlos Monzón (7). Diego se llevó la estatuilla de platino al mejor deportista argentino del siglo XX. El premio fue entregado en mano por su padre, don Diego, en el parque cervecero de Quilmes.

23 DE DICIEMBRE DE 2005: VAMOS JUNTOS

En el marco de la Fiesta de las Estrellas, realizada en el Estadio Ciudad de La Plata, compartió equipo con Lionel Messi.

Junto a Messi elaboraron jugadas de lujo, pero la estrella del Barcelona falló en la definición de dos goles casi hechos, mientras que Diego tuvo destellos de lujo, apiladas y otras maniobras a pura gambeta: "El agradecido soy yo, que me dan cabida estos muchachos que están en plena forma", dijo después del partido.

24 DE DICIEMBRE DE 1981: GOL DE ORO

El Centro de Periodistas Acreditados en la AFA (CEPA) entregó doble premio luego de otro año brillante.

Pasada la medianoche, Diego abrió los primeros regalos de la Nochebuena de aquel 1981. Fueron la estatuilla como mejor jugador del año por tercer año consecutivo y la mención del "mejor gol del año" por su gambeta y definición exquisita en el superclásico del 10 de abril para sellar la victoria de Boca 3-0 en La Bombonera.

25 DE DICIEMBRE DE 1986: EN LAS MEJORES SALAS

Estreno en los cines argentinos de Héroes, la película que resumió su hazaña en el Mundial de México y hoy es un objeto de culto.

La noche de Navidad tuvo una cita impostergable en el Gran Rex de la avenida Corrientes. Hasta Bilardo y Grondona, poco afectos a concurrir al cine, estaban allí. Se estrenaba Héroes, filme oficial de la FIFA, paradójicamente realizado por británicos: Tony Maylam (director), Drummond Challis (productor) y Rick Wakeman (musicalizador). El recorrido comienza con los protagonistas más destacados del Mundial, junto a Diego: Michel Platini, Preben Elkjaer Larsen, Gary Lineker, Enzo Francescoli, Karl-Heinz Rummenigge, Emilio Butragueño, Sócrates, Michael Laudrup y Hugo Sánchez, y va desandando el camino hasta la final durante 86 minutos, hasta largar el tema cantado por Valeria Lynch, "Cada día más", sonando como fondo de las imágenes de Diego en plena consagración. "Ese iba a ser un documental oficial del Mundial 86 y terminó siendo una película sobre Maradona, porque no había otra cosa más interesante que mostrar", afirmó el musicalizador, Wakeman. Tras el punto final, se puede observar un bonus-track titulado Hero, dedicado exclusivamente al Pelusa.

26 DE DICIEMBRE DE 2003: CASA PROPIA

Argentinos Juniors reinauguró su estadio de La Paternal bautizándolo "Diego Armando Maradona".

Noche de fiesta con presencias estelares de exjugadores que construyeron la historia de los bichos colorados. La familia de Diego estuvo presente a modo de "autorizar" el nombramiento del estadio como "Diego Armando Maradona" y siguió con mucha emoción toda la ceremonia. Cuando consultaron a don Diego cuál fue su recuerdo más entrañable, no dudó en afirmar: "Fue cuando debutó contra Talleres de Córdoba". Desde ese día, Argentinos Juniors volvió a ejercer su localía en la histórica esquina de Juan Agustín García y Boyacá, y desde mediados de 2018 se renombró como "Autocrédito Diego Armando Maradona".

27 DE DICIEMBRE DE 2005: LOS PUPIS

Por segunda y última vez, compartieron equipo con Lionel Messi, esta vez en la Bombonera, en un partido a beneficio de la Fundación PUPI, de Javier Zanetti.

La Copa Solidaridad, encuentro anual que organiza la fundación del actual vicepresidente del Inter, tuvo en aquella edición de 2005 presencias estelares: Diego Maradona, Lionel Messi, Sergio "Kun" Agüero, Fernando Cavenaghi y David Nalbandian, ante 25.000 personas que festejaron cada encuentro entre el Pelusa y Lio, quienes formaron parte del "equipo A", que lució una camiseta albiceleste y cayó 2-4 ante el "equipo B", vestido de gris y liderado por Carlos Tevez.

28 DE DICIEMBRE DE 1995: LA MEDIA VUELTA

Luego de afirmar que no sería dirigido en Boca por Carlos Salvador Bilardo, cambió de idea y confirmó su continuidad.

"Es diferente a todos y no necesita entrenar a la par como los demás", declaró Bilardo cuando lo presentaron en conferencia de prensa. Las palabras fueron una caricia virtual para el 10, quien revirtió su pensamiento de 12 días atrás, cuando, luego del empate 2-2 ante Deportivo Español, dejó en claro que no trabajaría con el DT campeón mundial de México 86 debido a los problemas que habían tenido durante su campaña en Sevilla.

29 DE DICIEMBRE DE 1981: LLAMADO DE LA CASA BLANCA

El Real Madrid se jugó un pleno para contratarlo cuando el Barcelona afinaba el lápiz para tenerlo después del Mundial de España.

Enterados de las vacilaciones del Barcelona, Real Madrid comenzó el trabajo de hormiga para quedarse con su ficha, mucho más después que trascendiera que la institución catalana había enviado a su representante, Josep María Minguella, a negociar con Corinthians por la ficha de Sócrates. En aquellos años, los merengues pasaban por dificultades económicas, pero nunca dudaron en pensar la oferta.

30 DE DICIEMBRE DE 1985: A LOS CIRUJANOS SE LE FUE LA MANO

Los doctores Rubén Oliva y Raúl Madero establecieron una polémica sobre la decisión de operarlo de una molestia en la rodilla,

producto de la patada de un venezolano en la concentración previa al partido contra la Vinotinto.

El doctor Rubén Oliva, galeno de confianza del 10, fue terminante: "Es innecesaria la operación", mientras que Madero prefería lo contrario para que comenzara optimo su preparación para el Mundial de México. De todos modos, el entonces médico de la selección argentina afirmó: "Hasta no revisarlo, no pienso emitir opinión". Finalmente, triunfó la postura de Oliva: Diego no se operó y tuvo un sobresaliente año 1986.

31 DE DICIEMBRE DE 1981: EL 10 DEL AÑO

La revista El Gráfico realizó una encuesta gigante para armar el equipo ideal de 1981 y Diego fue uno de los más votados por lectores y periodistas.

En la edición 3287, donde compartió tapa con Marcelo Alexandre (ciclismo), Santos Laciar (boxeo) y el Conejo Tarantini (campeón del Nacional), se publicó el ranking anual de la calificación semanal que efectuaban los periodistas de la revista. En aquel ranking figuraba como el mejor volante izquierdo, promediando los 6,75 puntos sobre 40 partidos oficiales para Boca Juniors, donde logró ganar ese año el Campeonato Metropolitana.

BIBLIOGRAFÍA UTILIZADA

• Revistas: El Gráfico, Solo fútbol, Goles, Súper Fútbol

• Diarios: Clarín, Crónica, La Nación, Olé, Popular

• Suplementos especiales: "Maradona. La obra divina", de El Gráfico (1995)

• Libros: Yo soy el Diego (2000), Vivir en los Medios (2006), Esto (también) es fútbol (2012), Esto (también) es fútbol de Selección (2014)

• Medios digitales: Hemeroteca Mundo Deportivo de Barcelona, Gazzetta dello Sport de Italia, Il Mattino, tapas Clarín, Infobae, La Nación, Récord

• Páginas web: webcule.es , historiadeboca.com.ar , youtube.com

• Cuentas de Facebook: Boca Juniors en el recuerdo, Memoriosos del fútbol, Efemérides del fútbol

• Cuentas de twitter: @Maradona Inédito, @AlíRashid García, @Diego10querido, @Maradona Retro Pics

AGRADECIMIENTOS

Juan Manuel Trenado

Archivo del diario La Nación

Biblioteca del Círculo de Periodistas Deportivos

Néstor Fredes

Pablo Zangla

Departamento de Historia del Club Atlético Boca Juniors

Sergio Lodise

Guillermo Schoua

Dr. Javier Roimiser

Eduardo Bolaños

Jaime Lerner

Julián Cejas

Fernando Gorostegui

Christian Maneiro

Grupo Bosteros de Antes

Grupo IBLF

Christian Maisonnave

SOBRE EL AUTOR

Sergio Darío Domínguez nació en Haedo, Buenos Aires (1973). Es Técnico Superior en Periodismo y Periodista Deportivo recibido en la Escuela del Círculo de Periodistas Deportivos (1995). En 1991 desempeñó labores en diferentes radios FM de las zonas Sur y Oeste del Gran Buenos Aires. Más tarde, trabajó para el multimedio partidario "Boca Un Sentimiento". Ha sido redactor del Periódico El Crá, de los portales betazeta.cl, futbolpasion.cl y actualmente colaborador permanente del Centro de Estudios del Deporte (CEDEP) y corresponsal en Buenos Aires de RadioSport.cl, todos de Santiago de Chile. También se desenvuelve como Community Manager de las redes sociales y página web de la Escuela del Círculo de Periodistas Deportivos y de dos sitios boquenses: locosxcabj y bocatv.

Creó el sitio copasdeclubes.com y realizó trabajos periodísticos para los libros "Doctor y Campeón" (autobiografía de Carlos Bilardo 2013), Historias Insólitas de Copa Libertadores (Luciano Wernicke 2015) y El Método Pellegrini (Francisco Sagredo 2015).

www.ingramcontent.com/pod-product-compliance
Ingram Content Group UK Ltd.
Pitfield, Milton Keynes, MK11 3LW, UK
UKHW021906190726
13853UKWH00002B/544